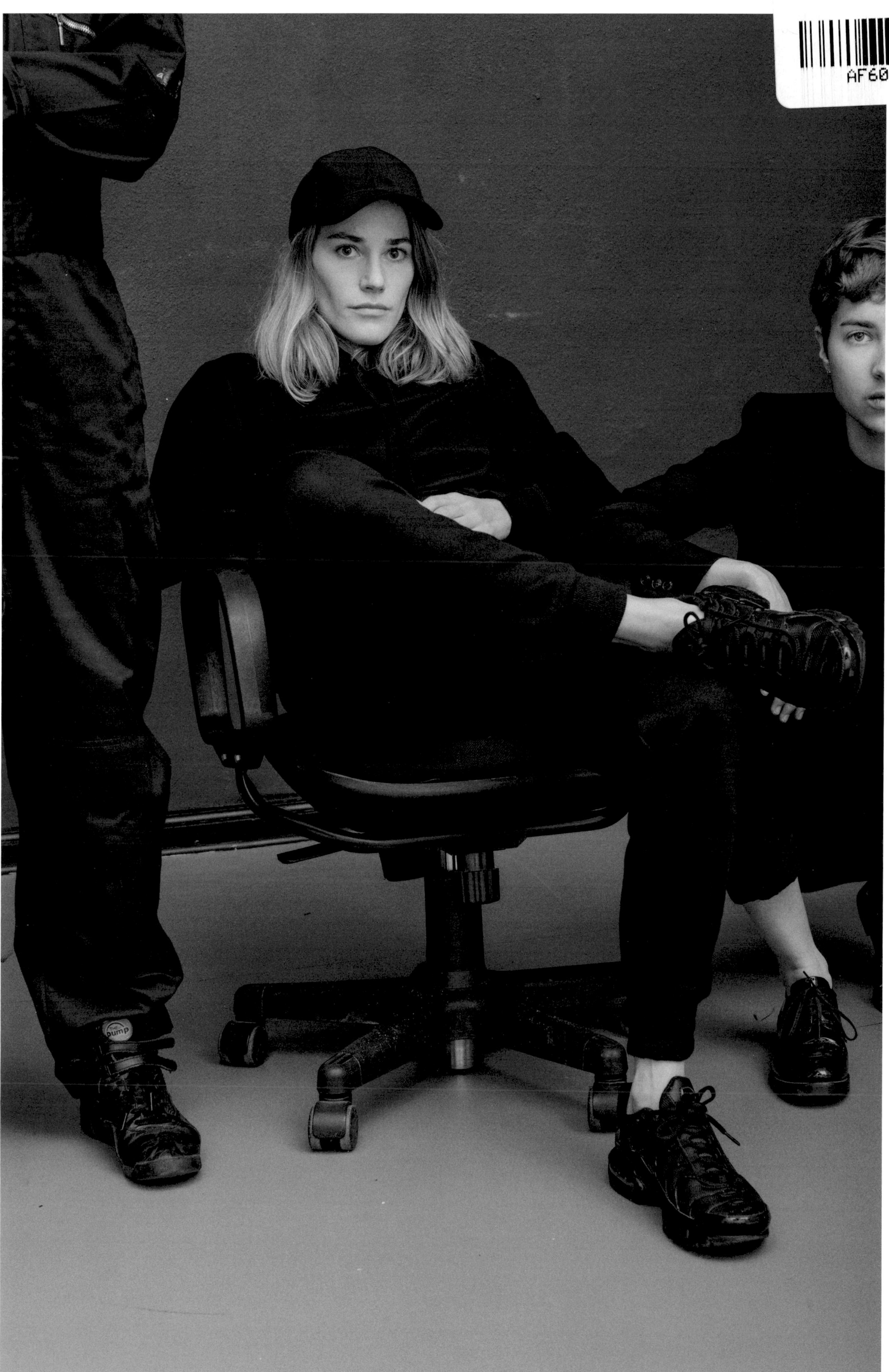

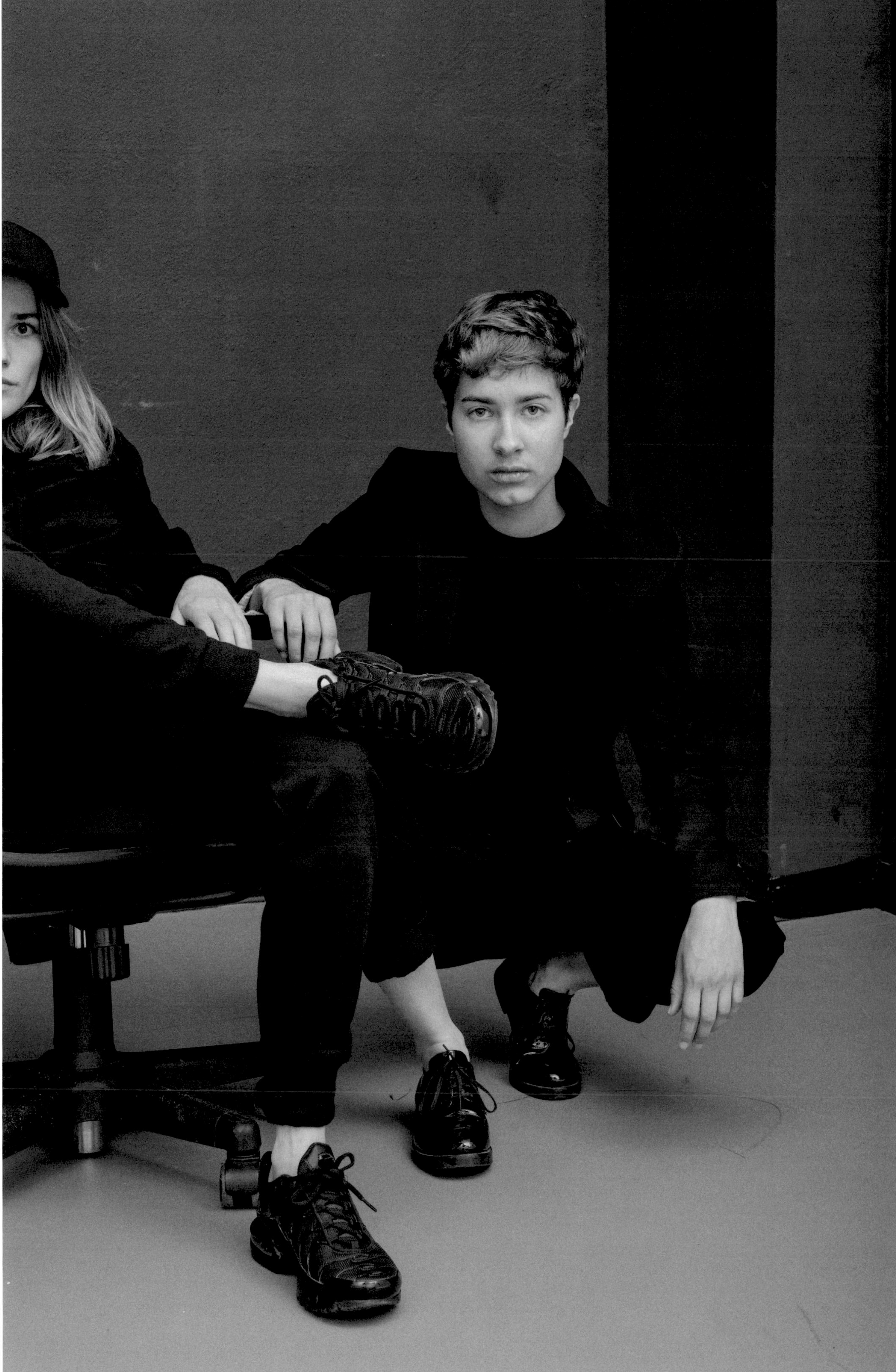

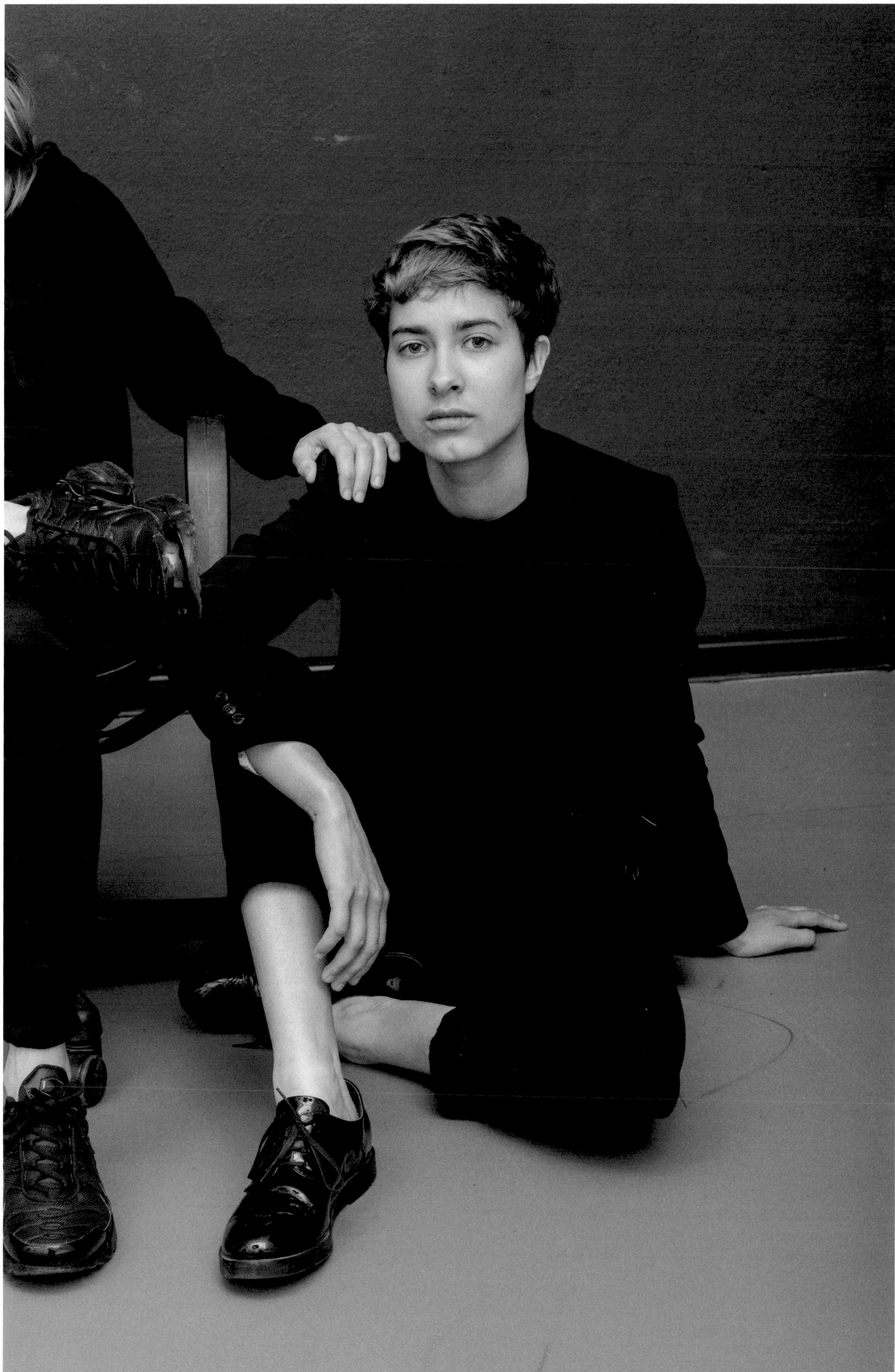

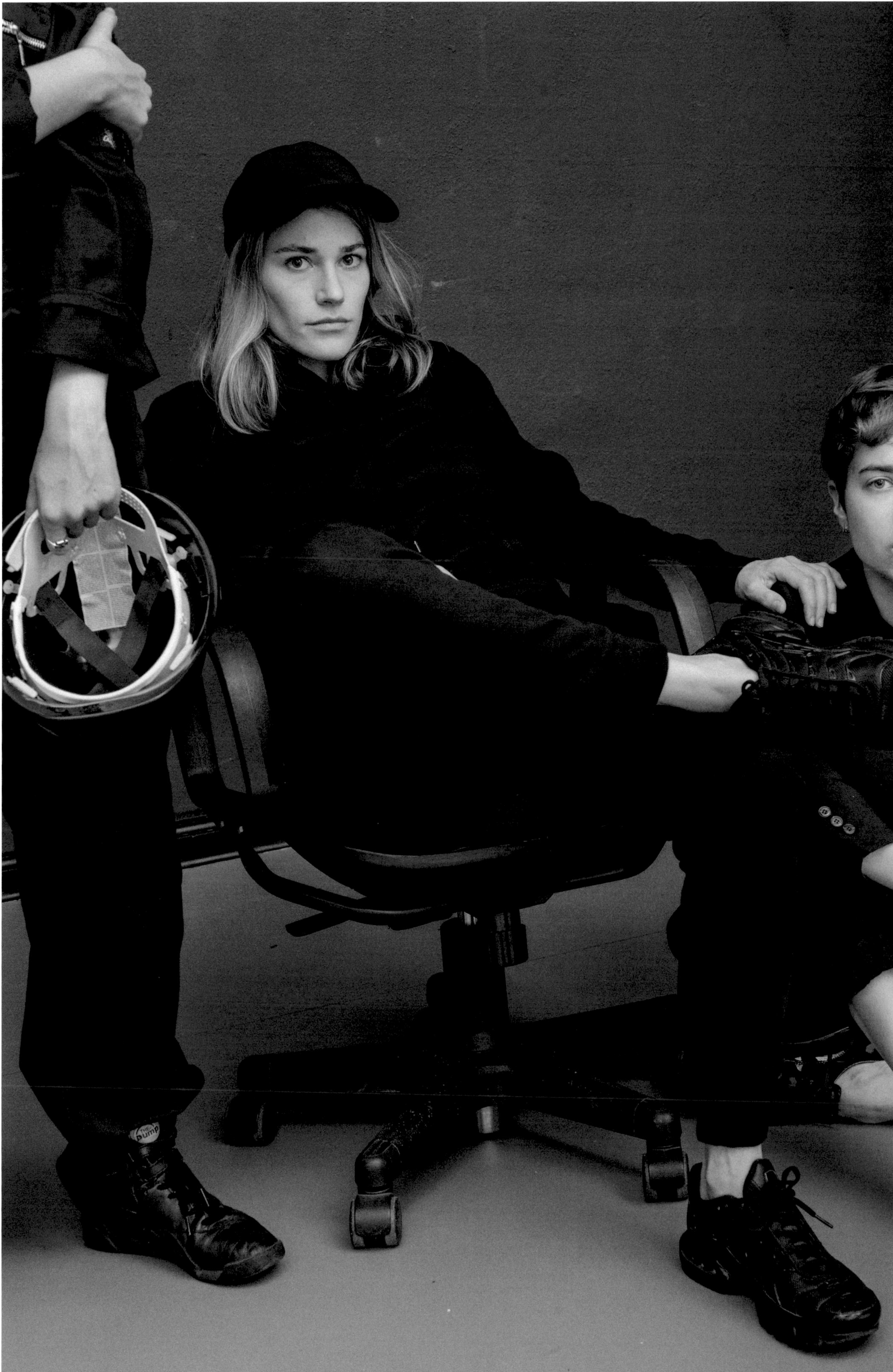
pump

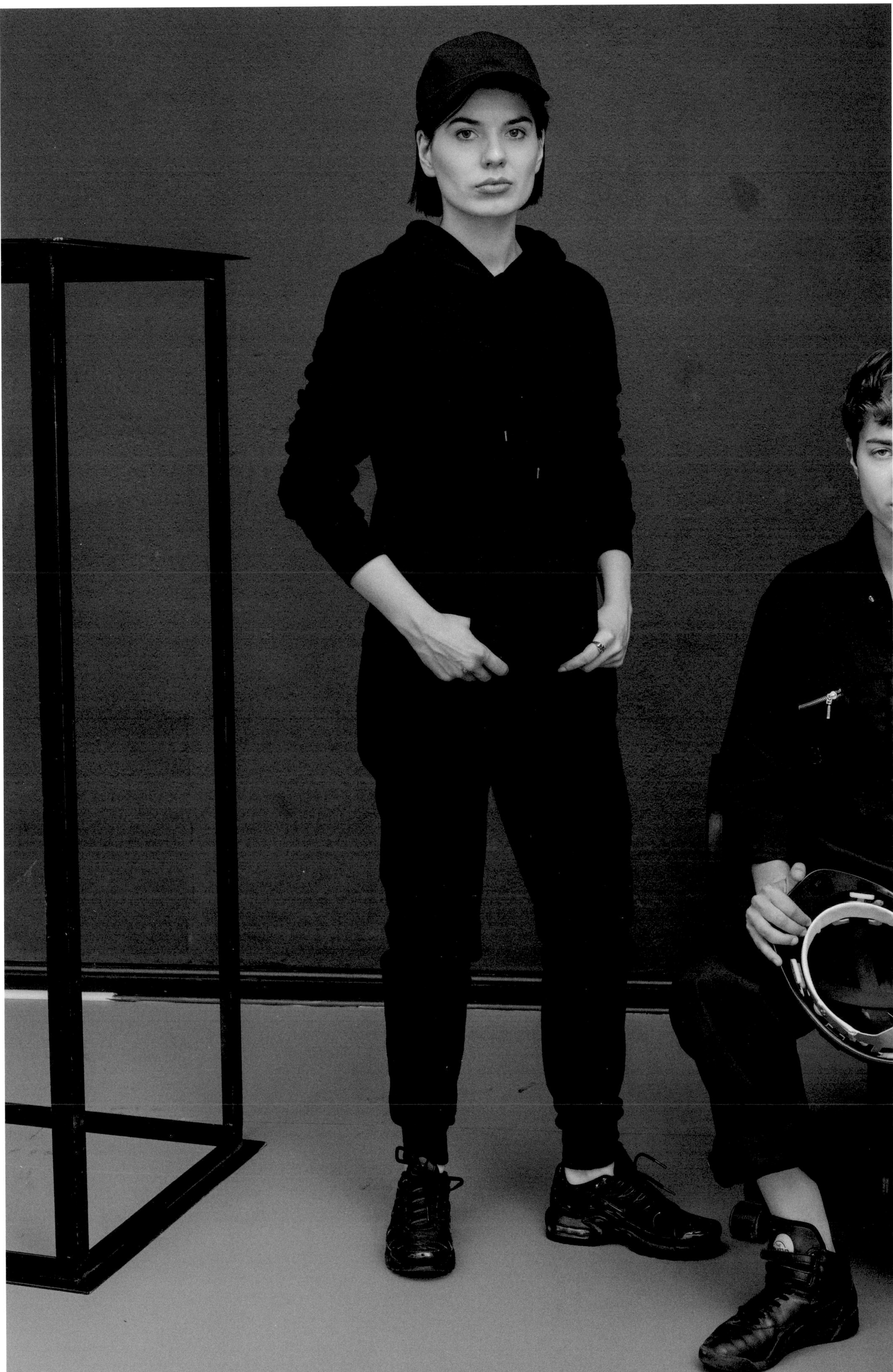

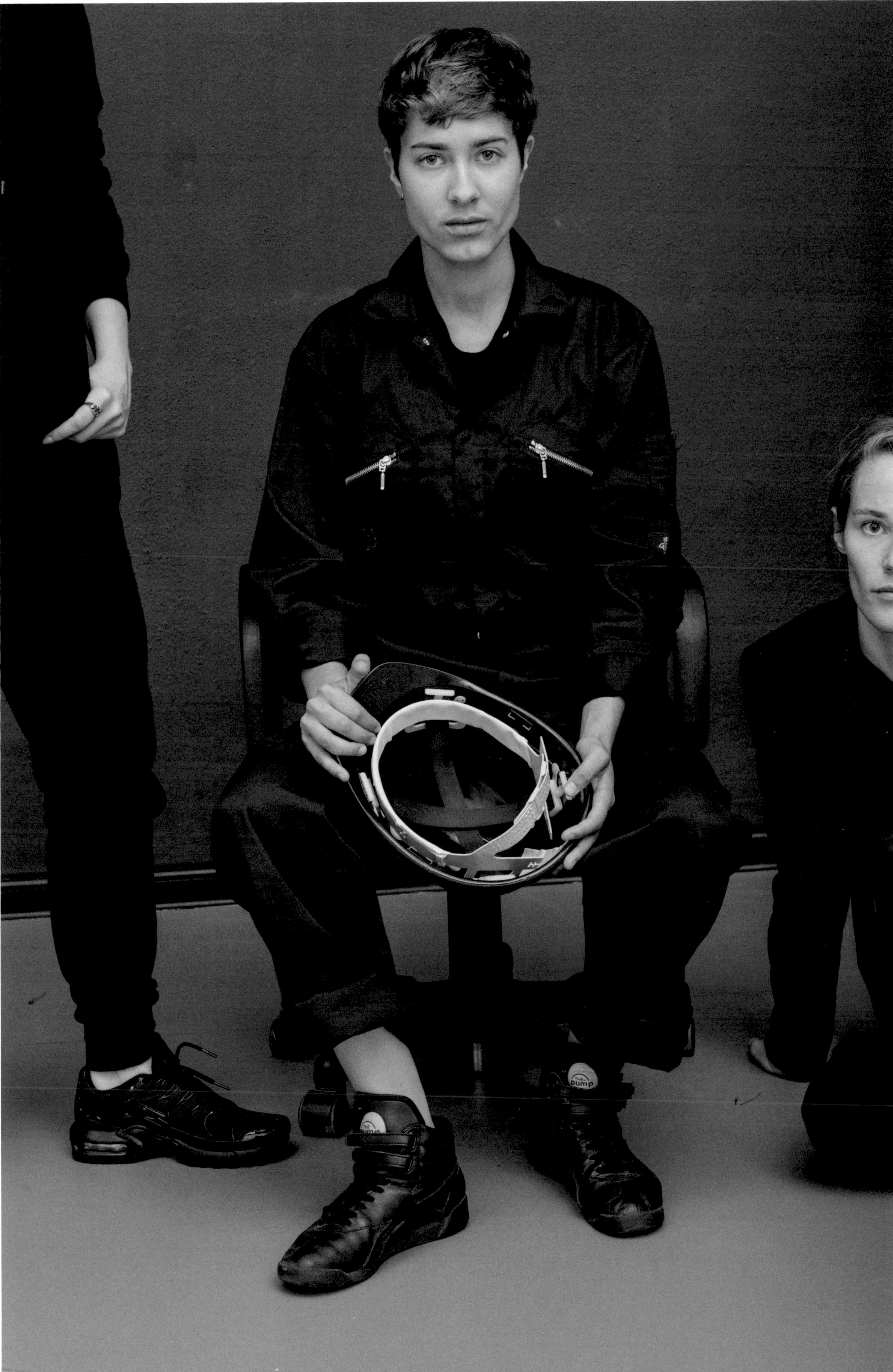
THE pump

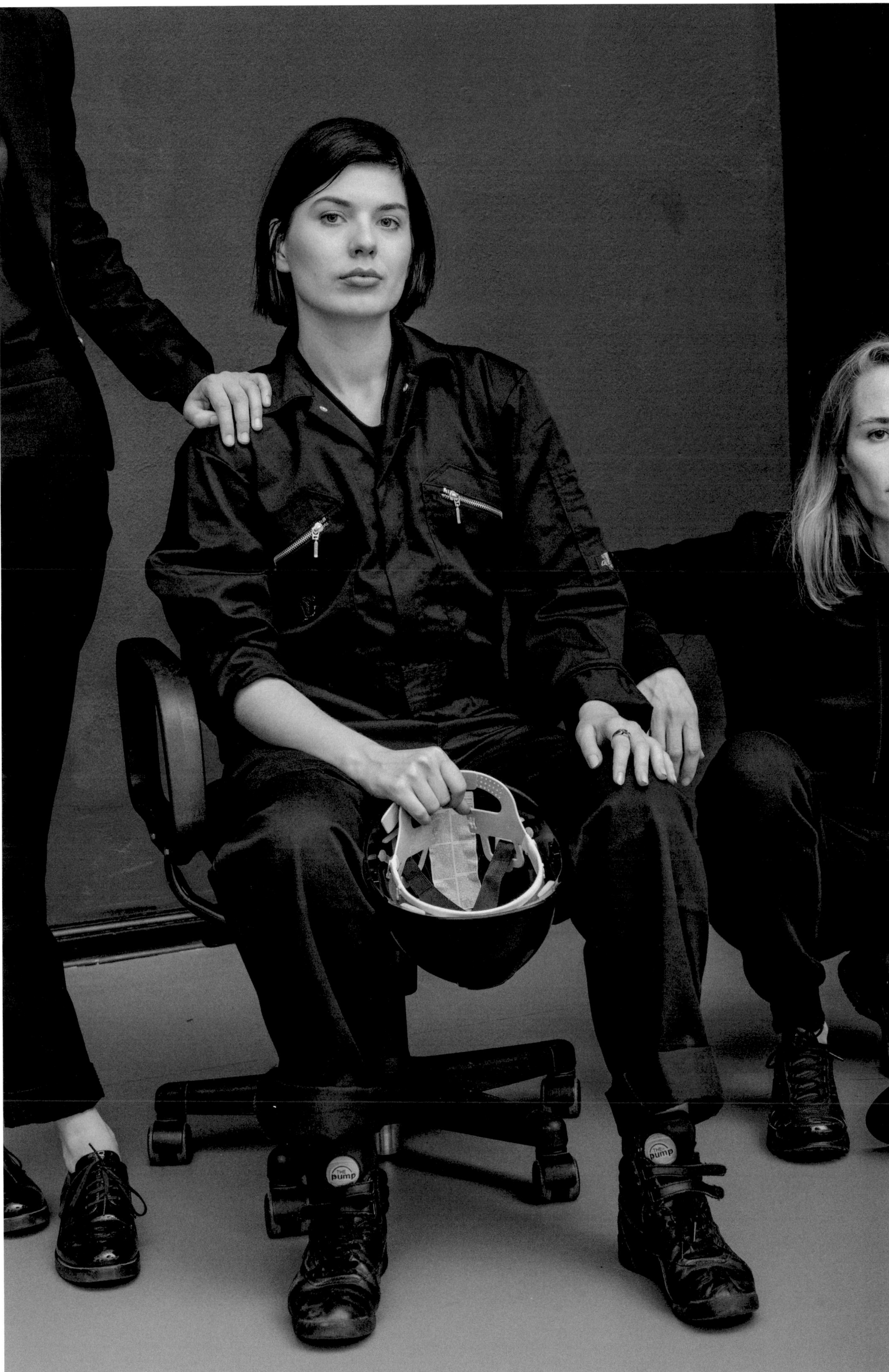
THE pump
THE pump

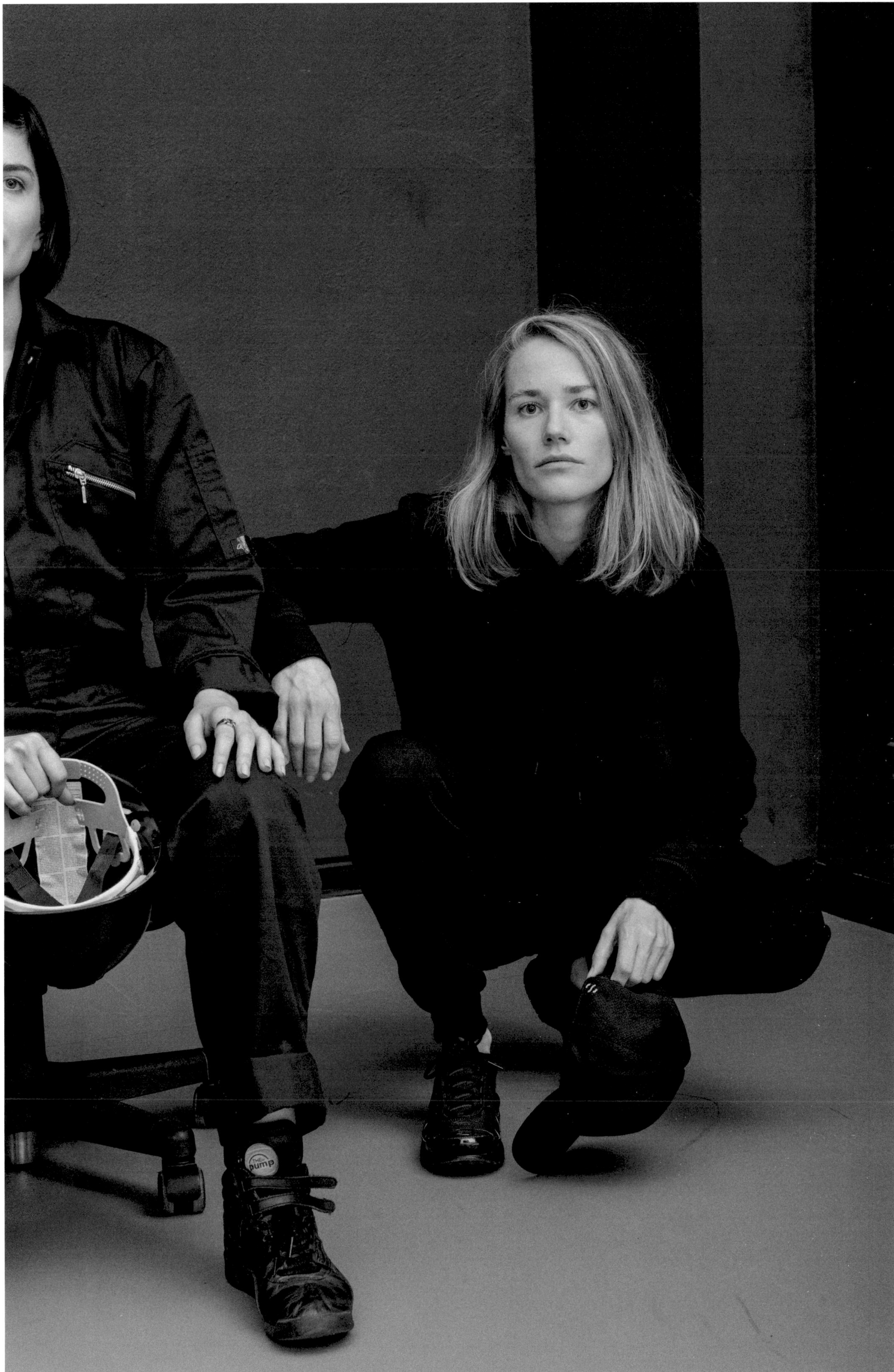
THE pump

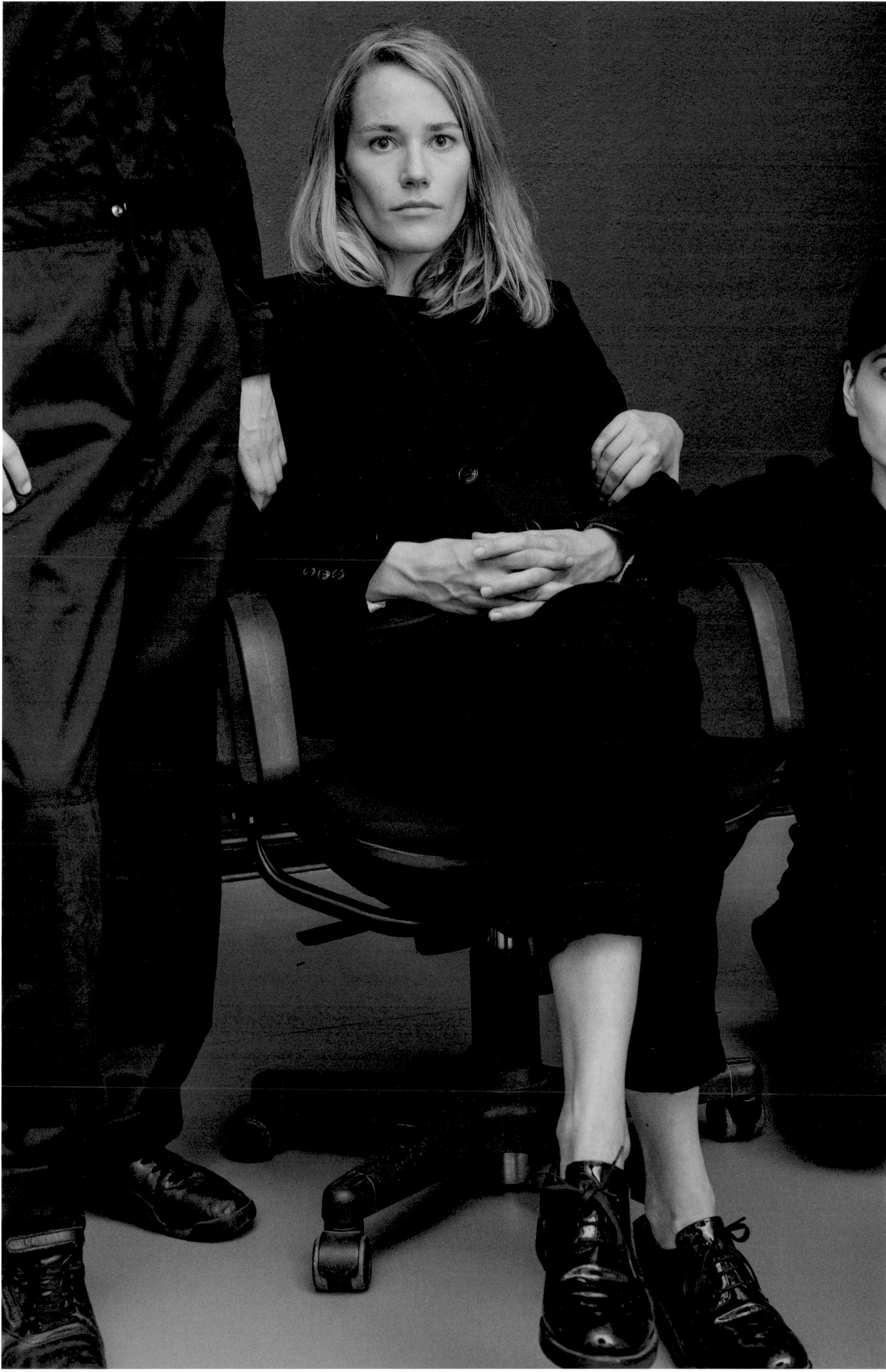

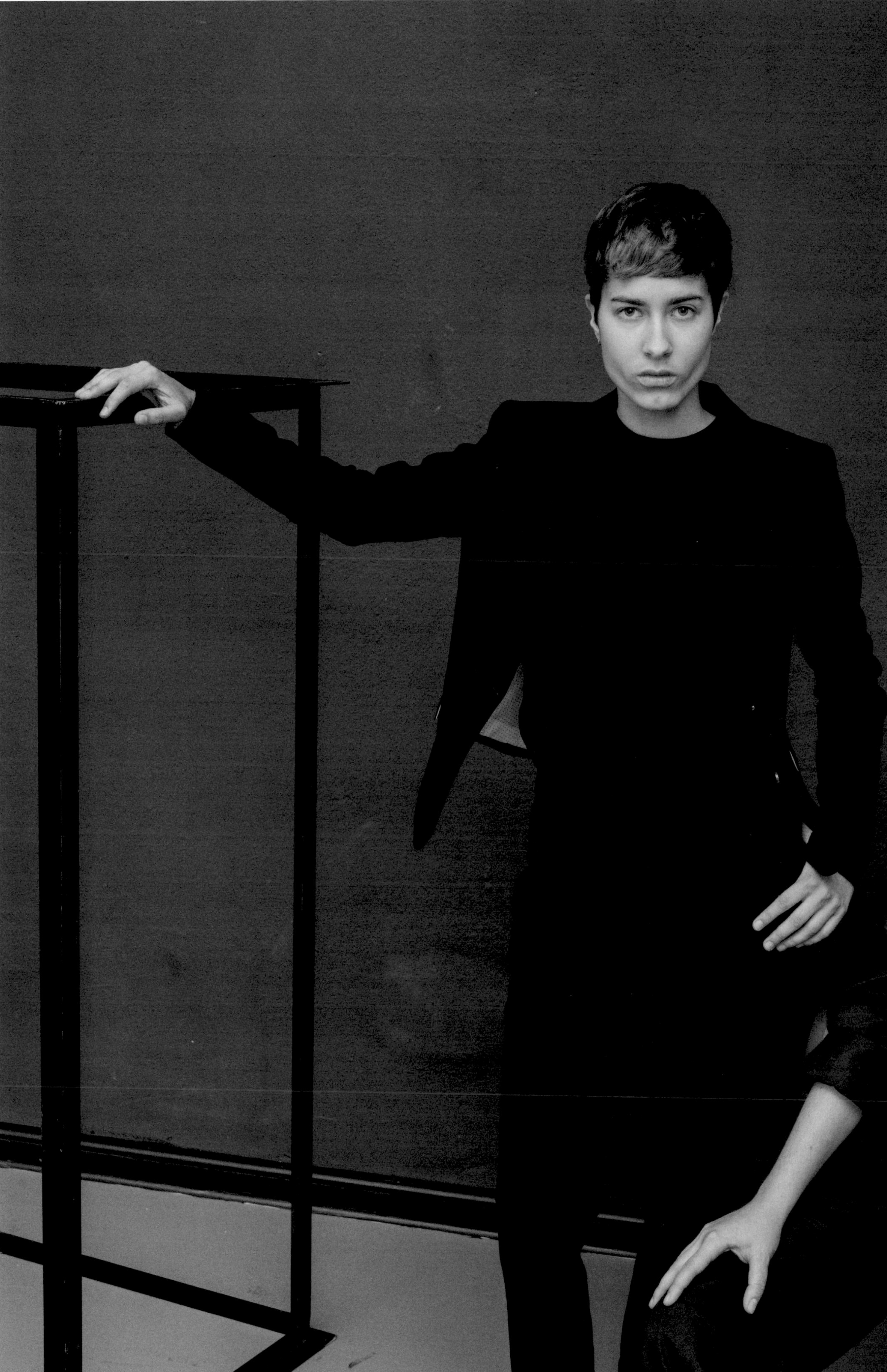

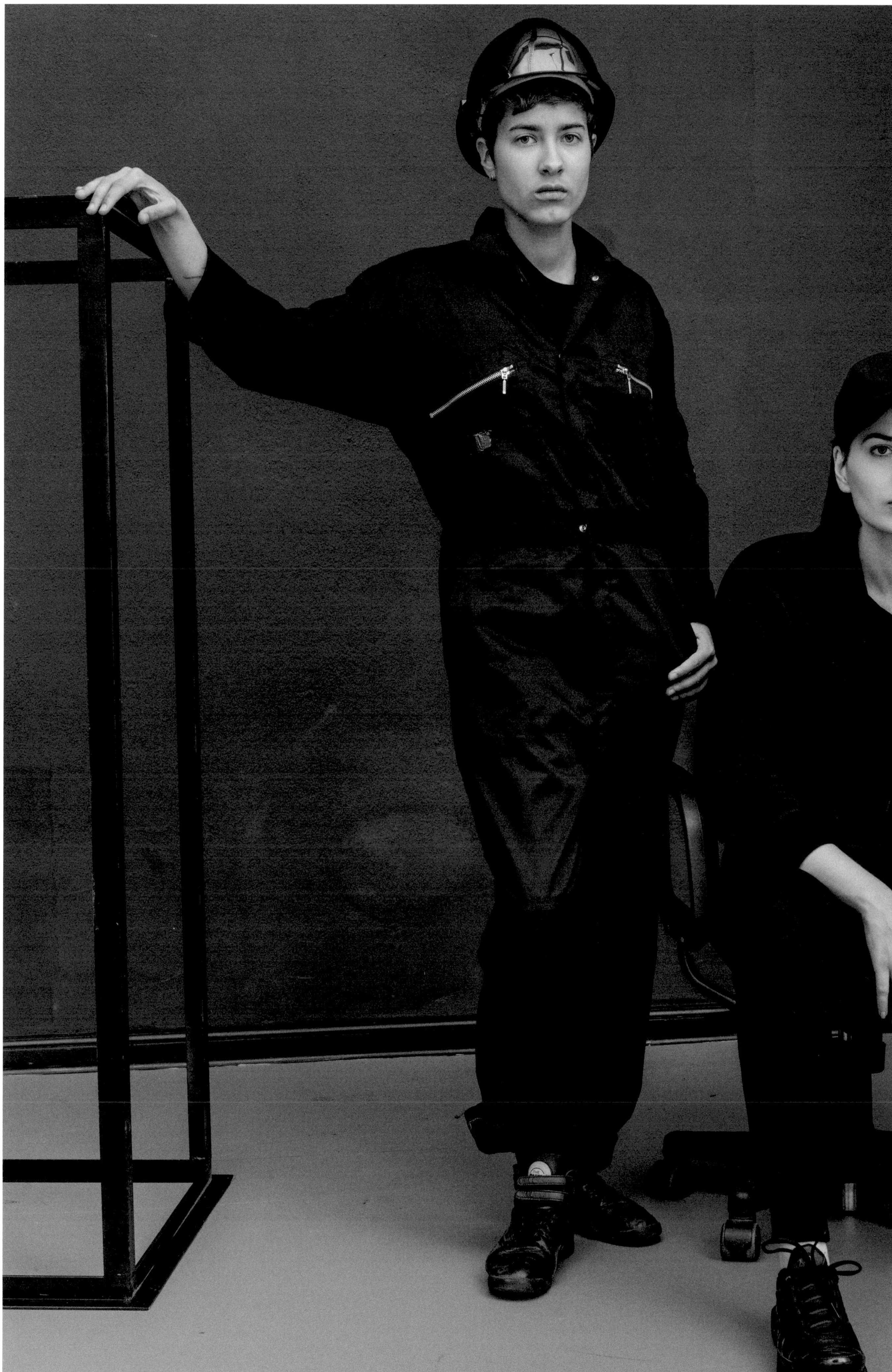

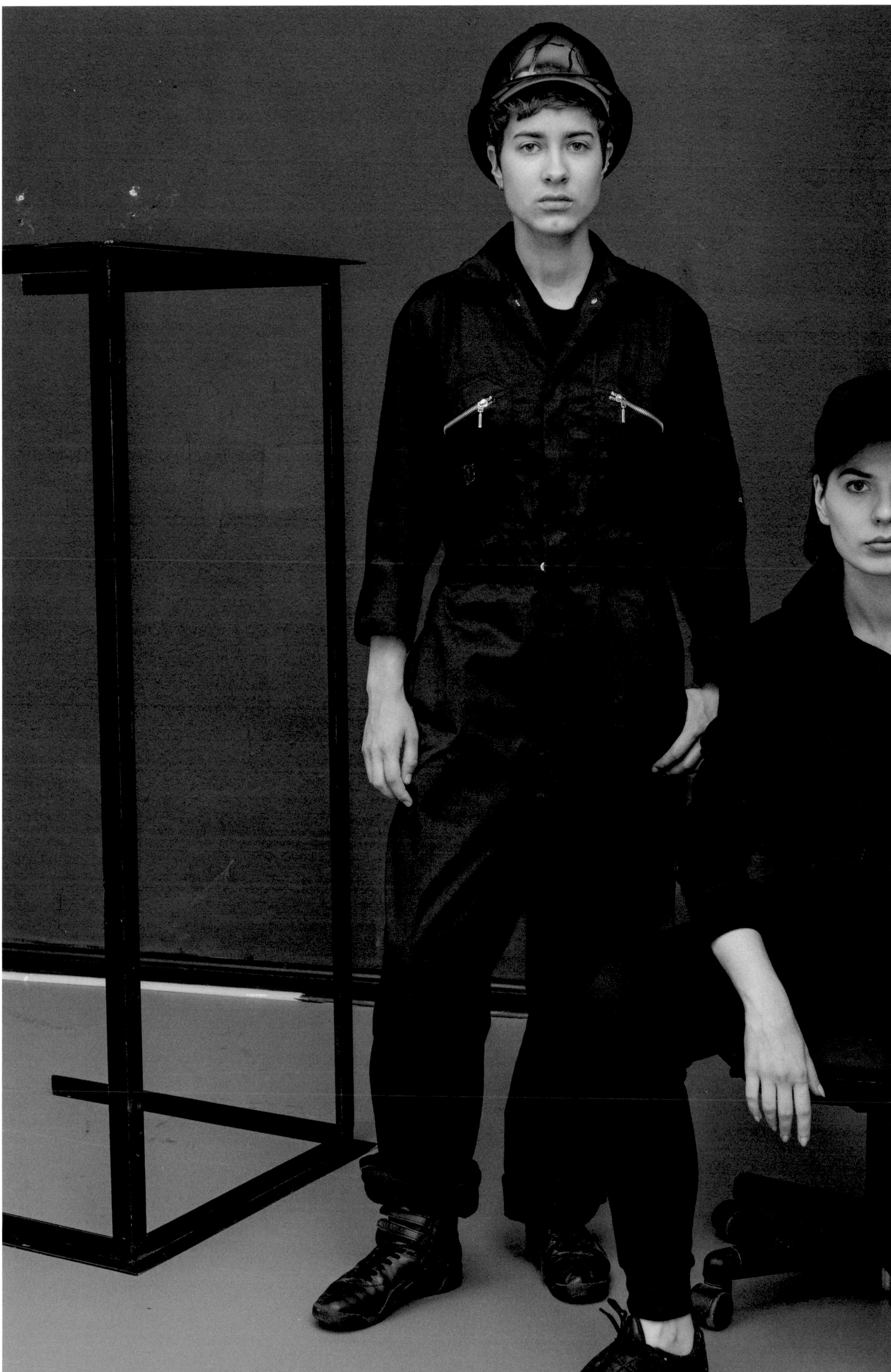

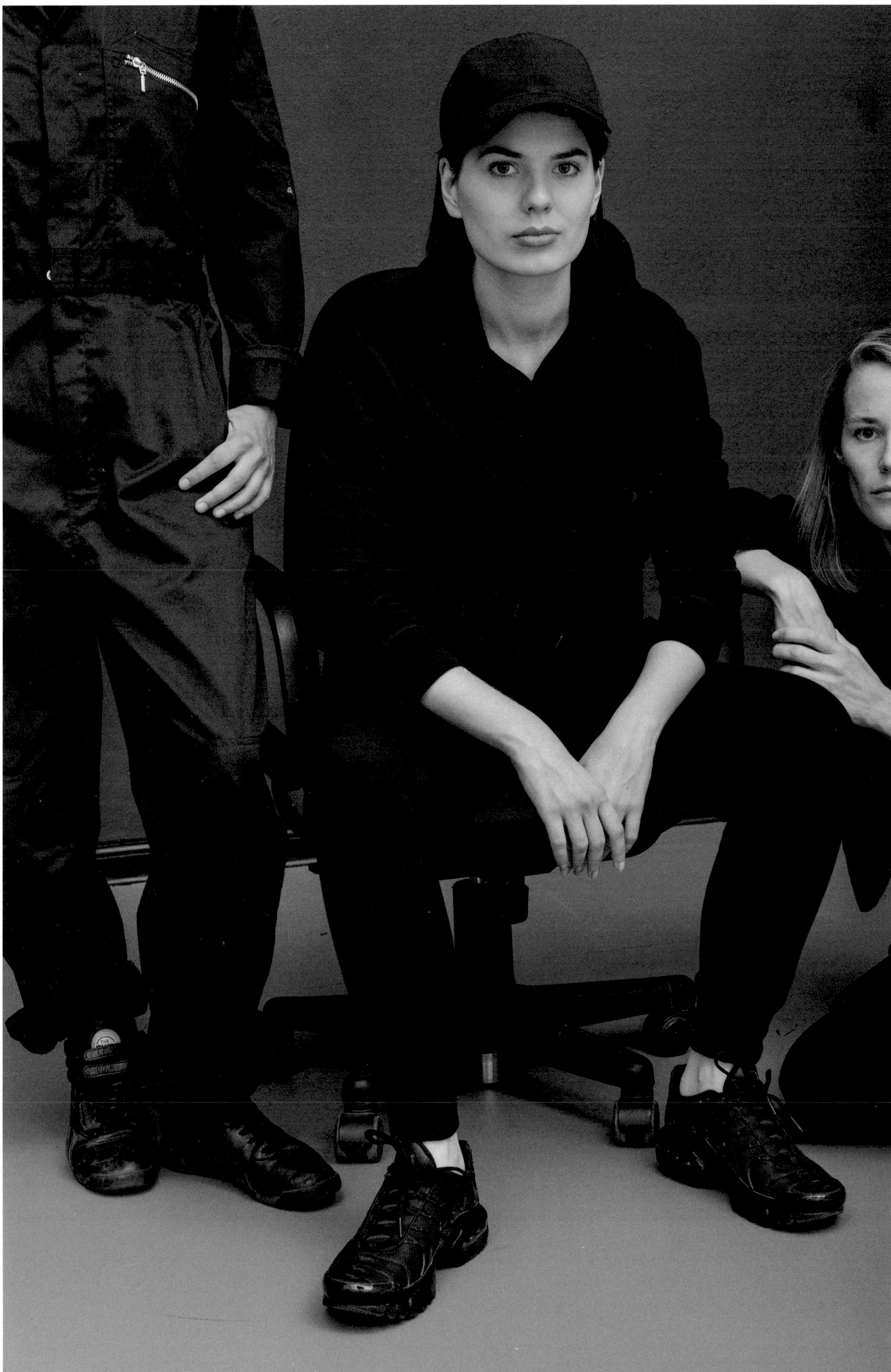

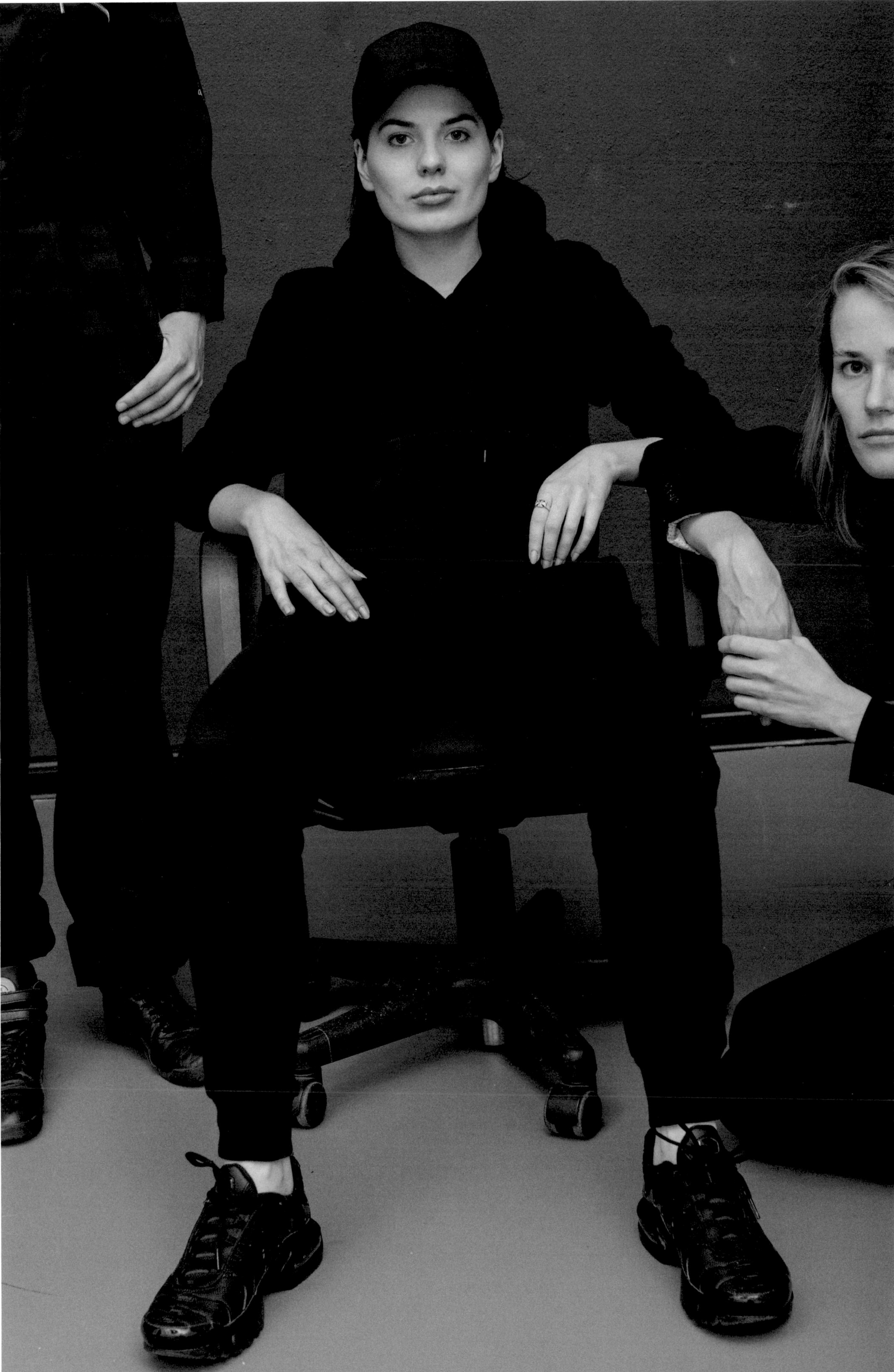

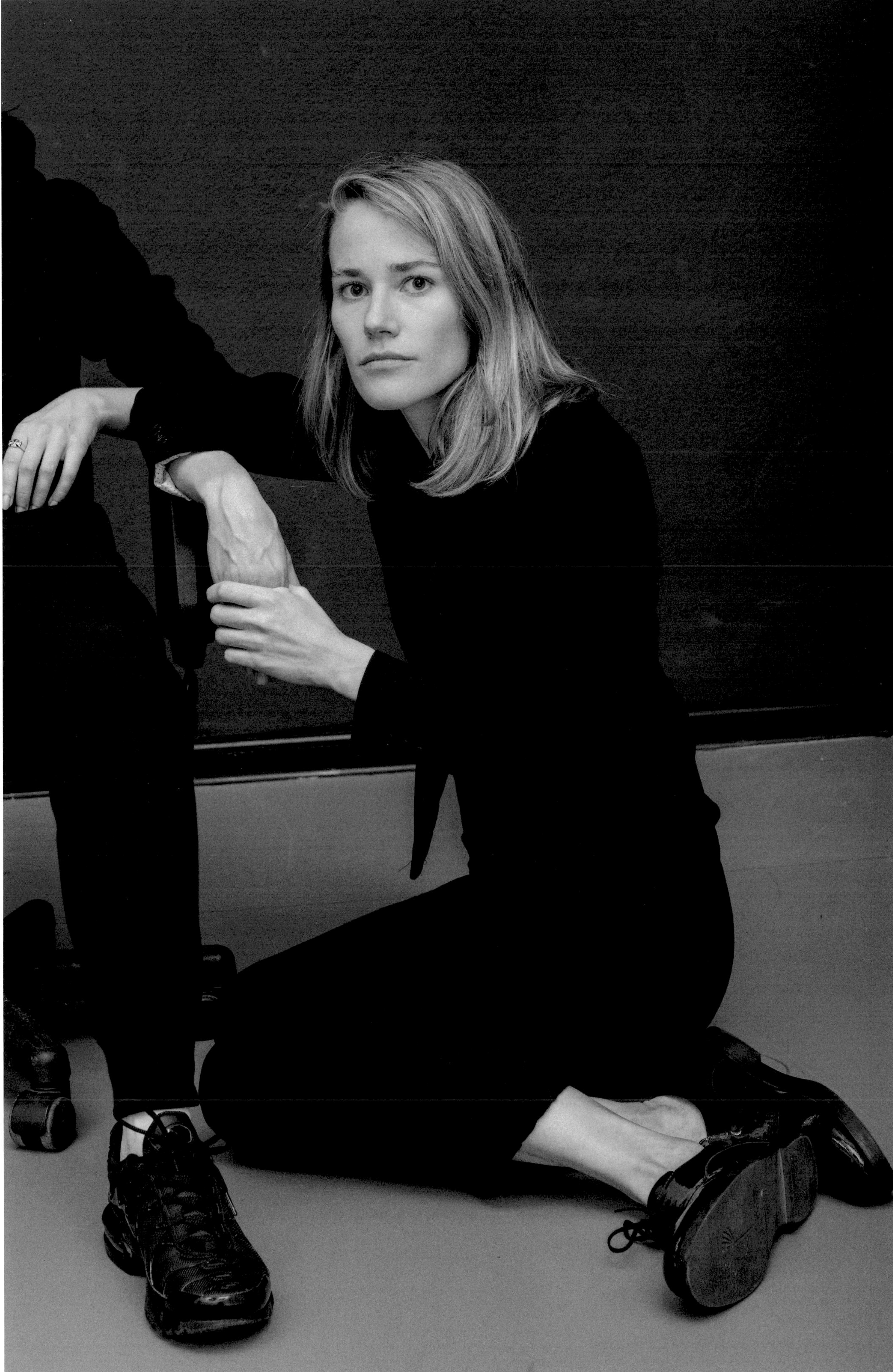

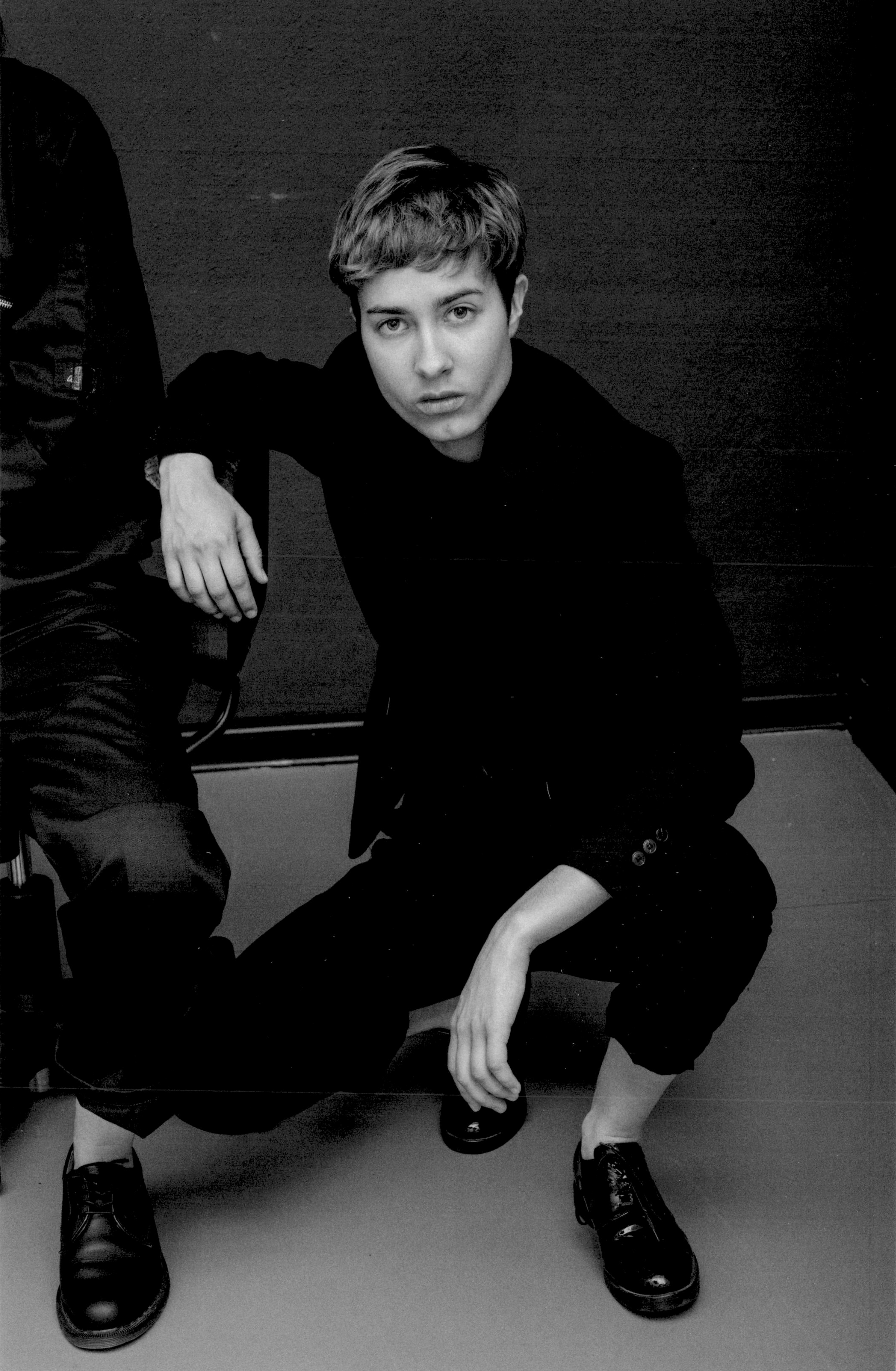

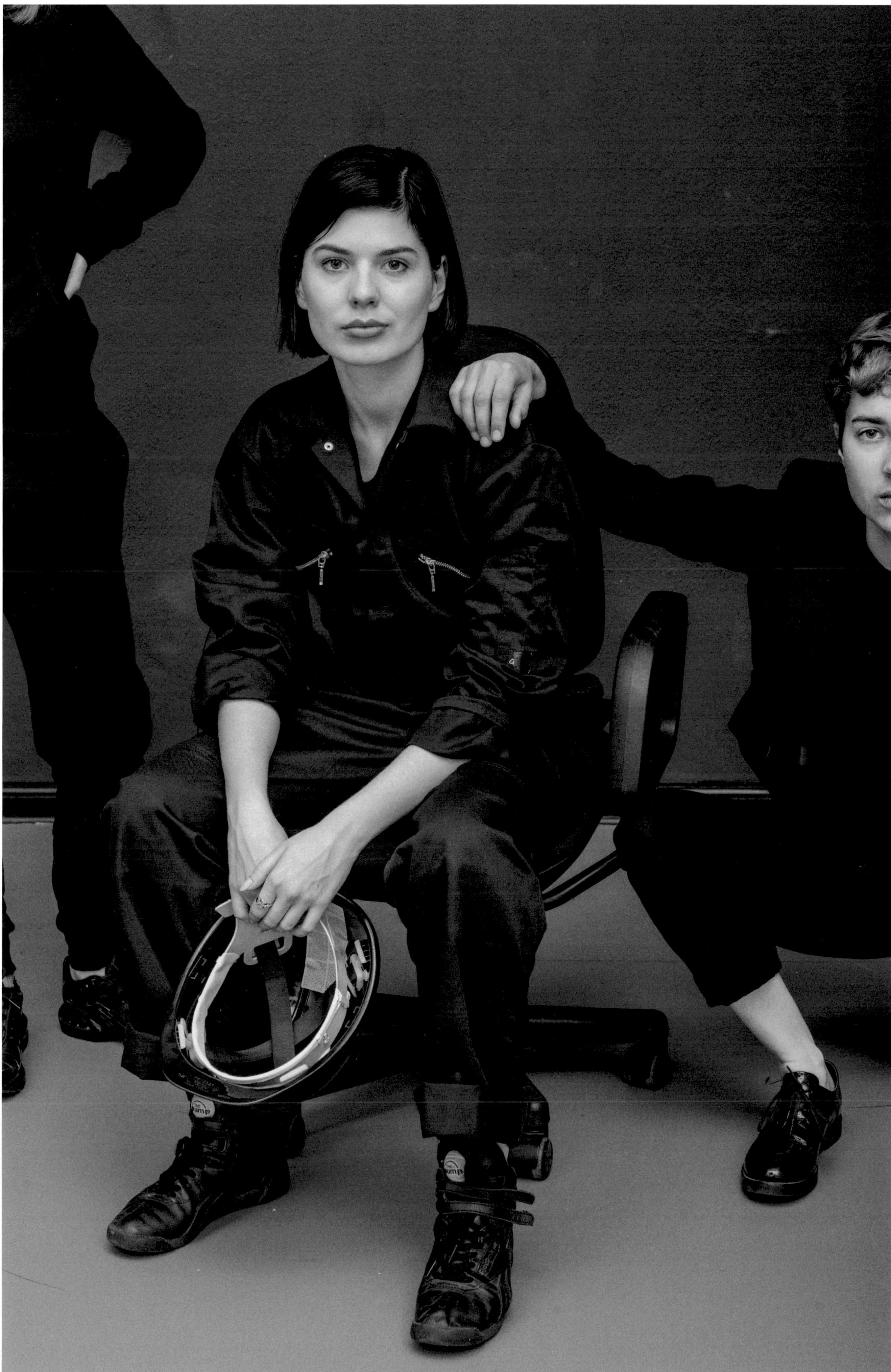

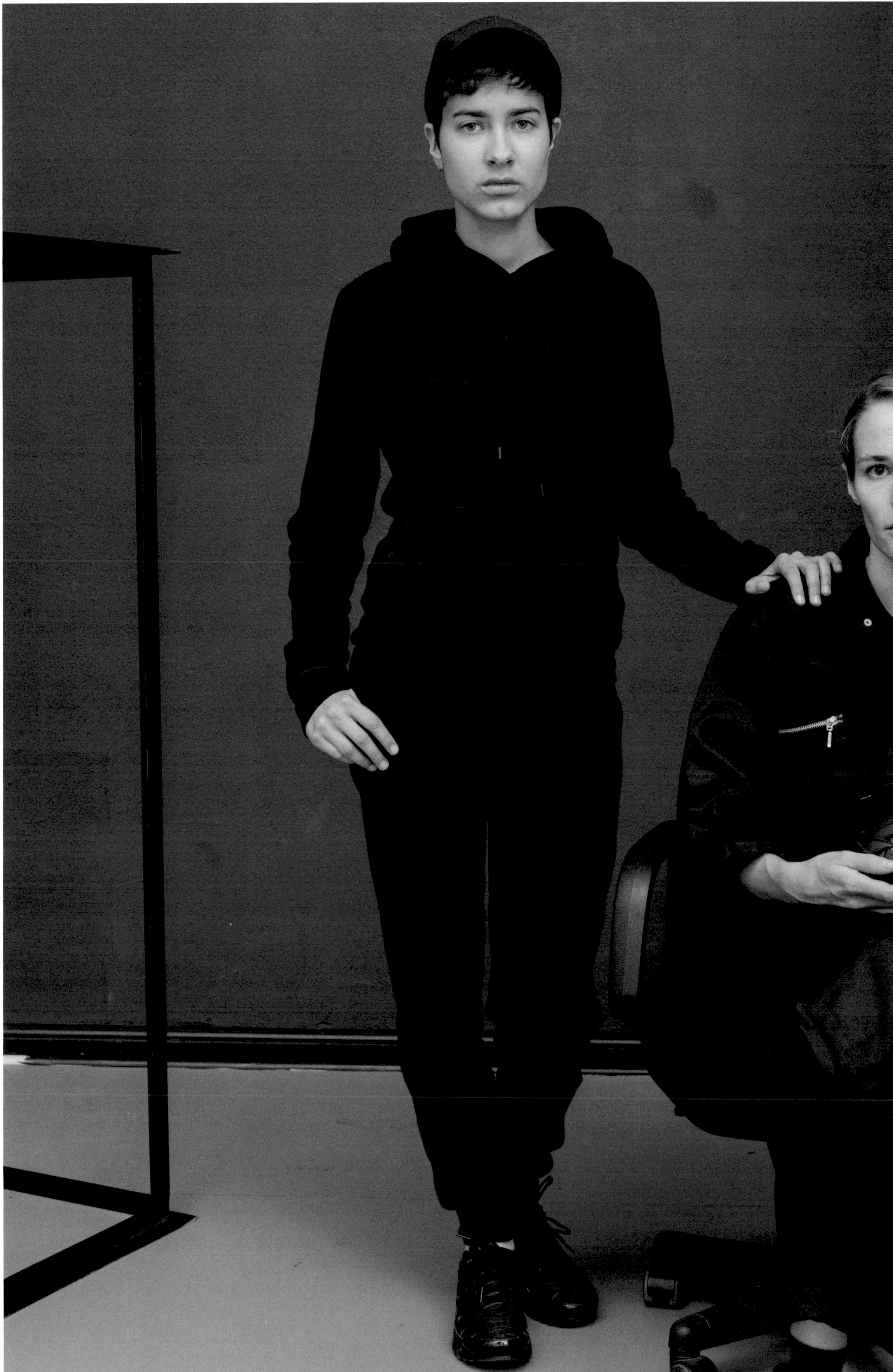

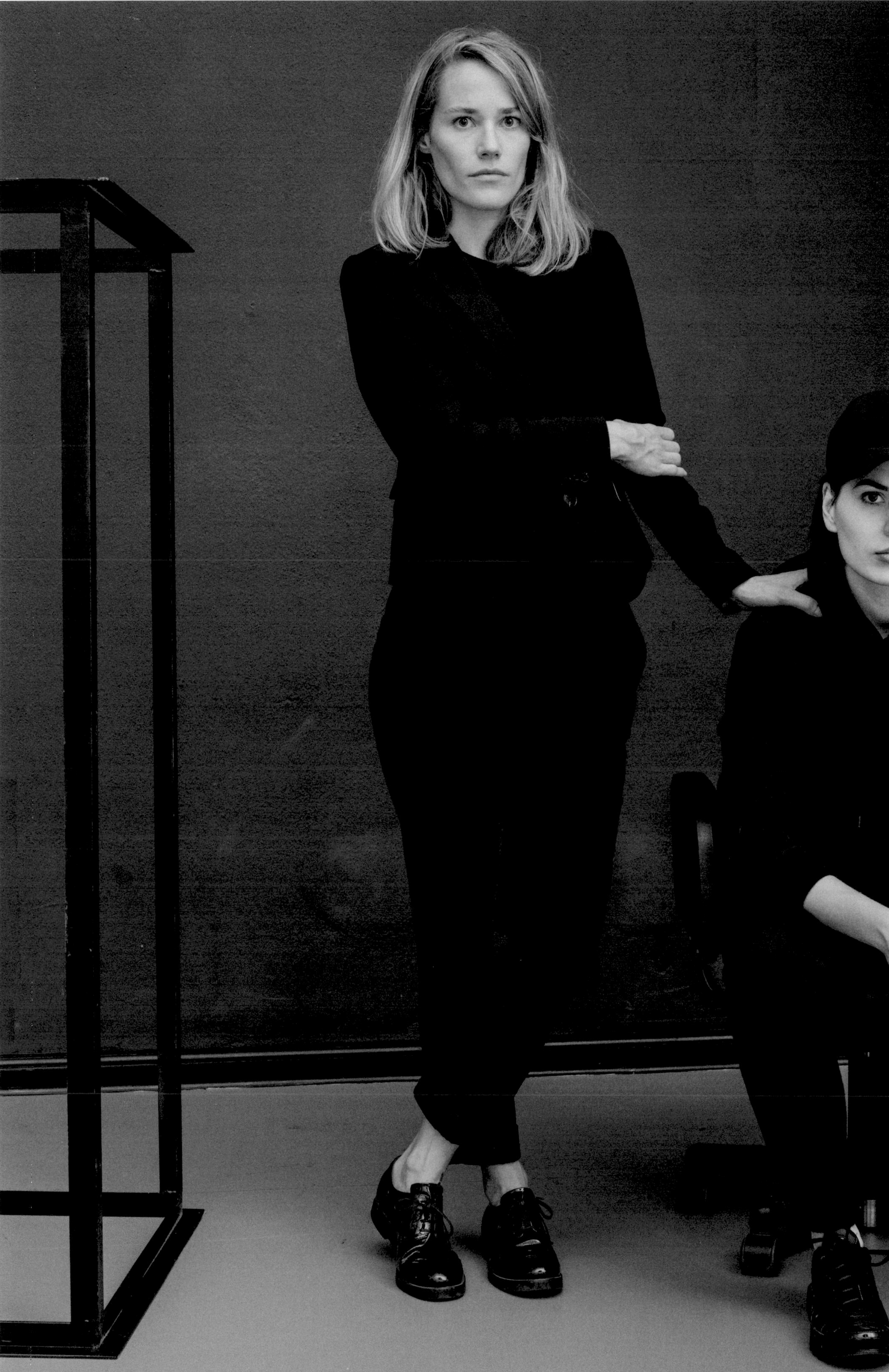

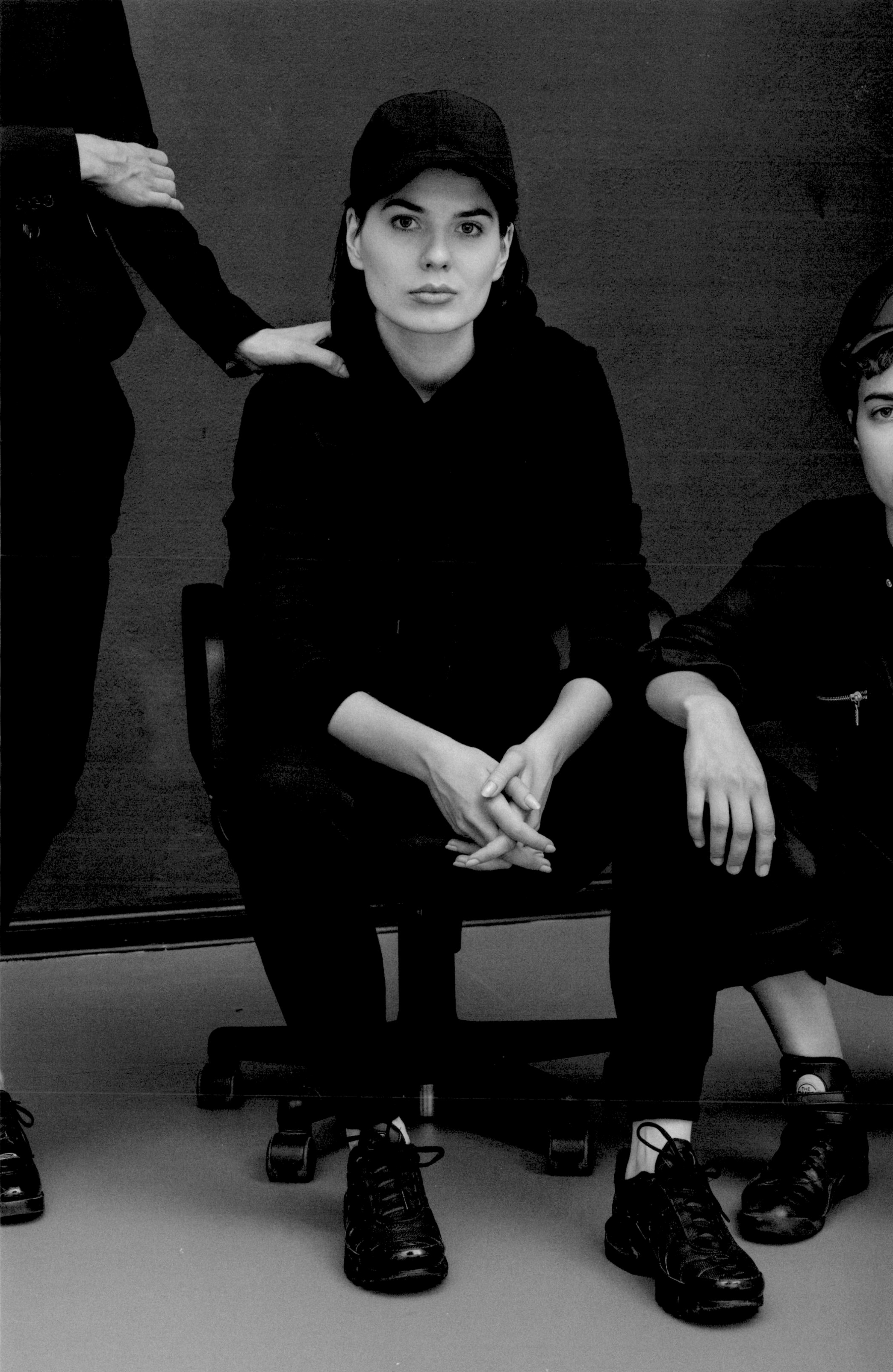

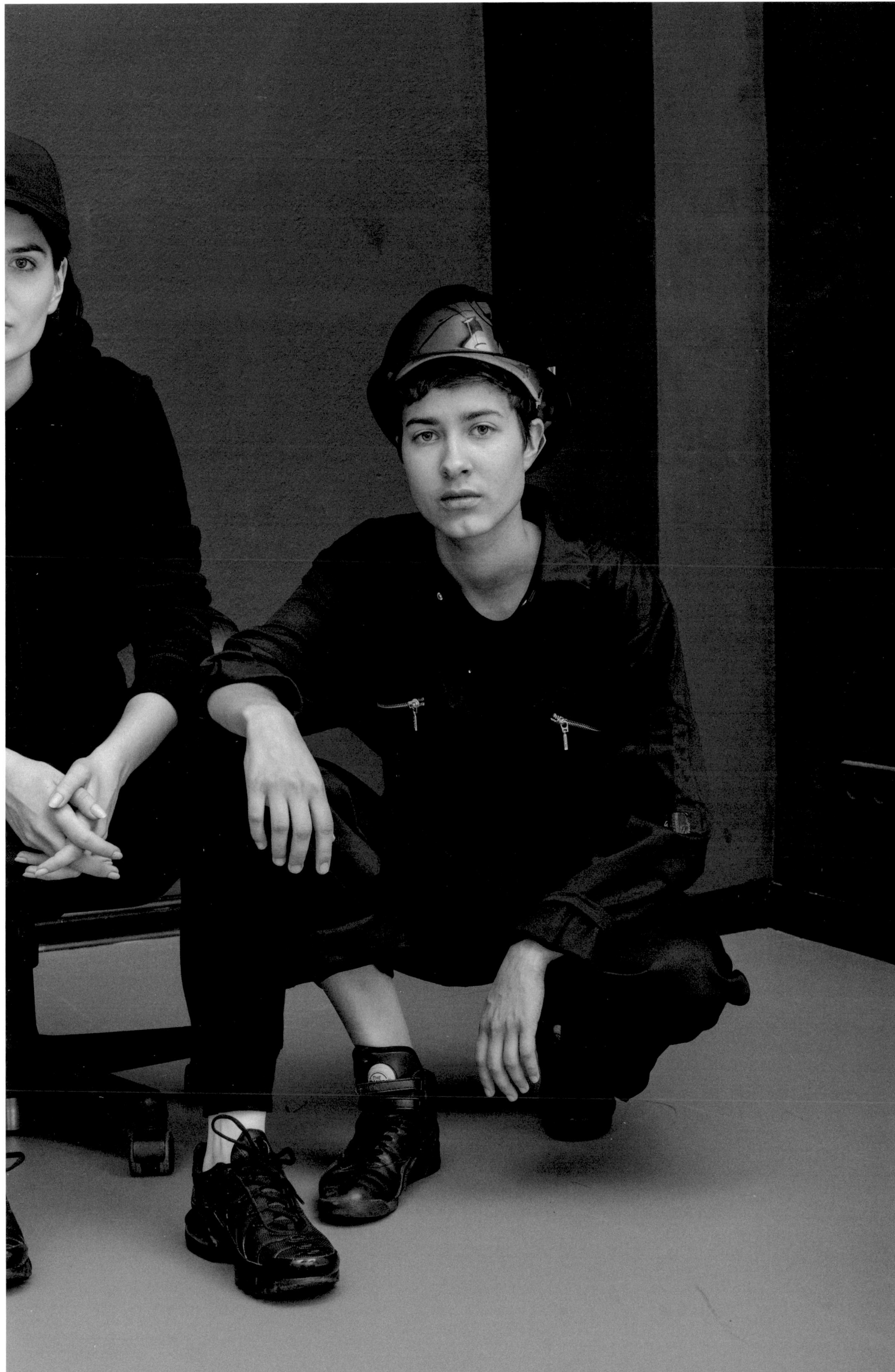

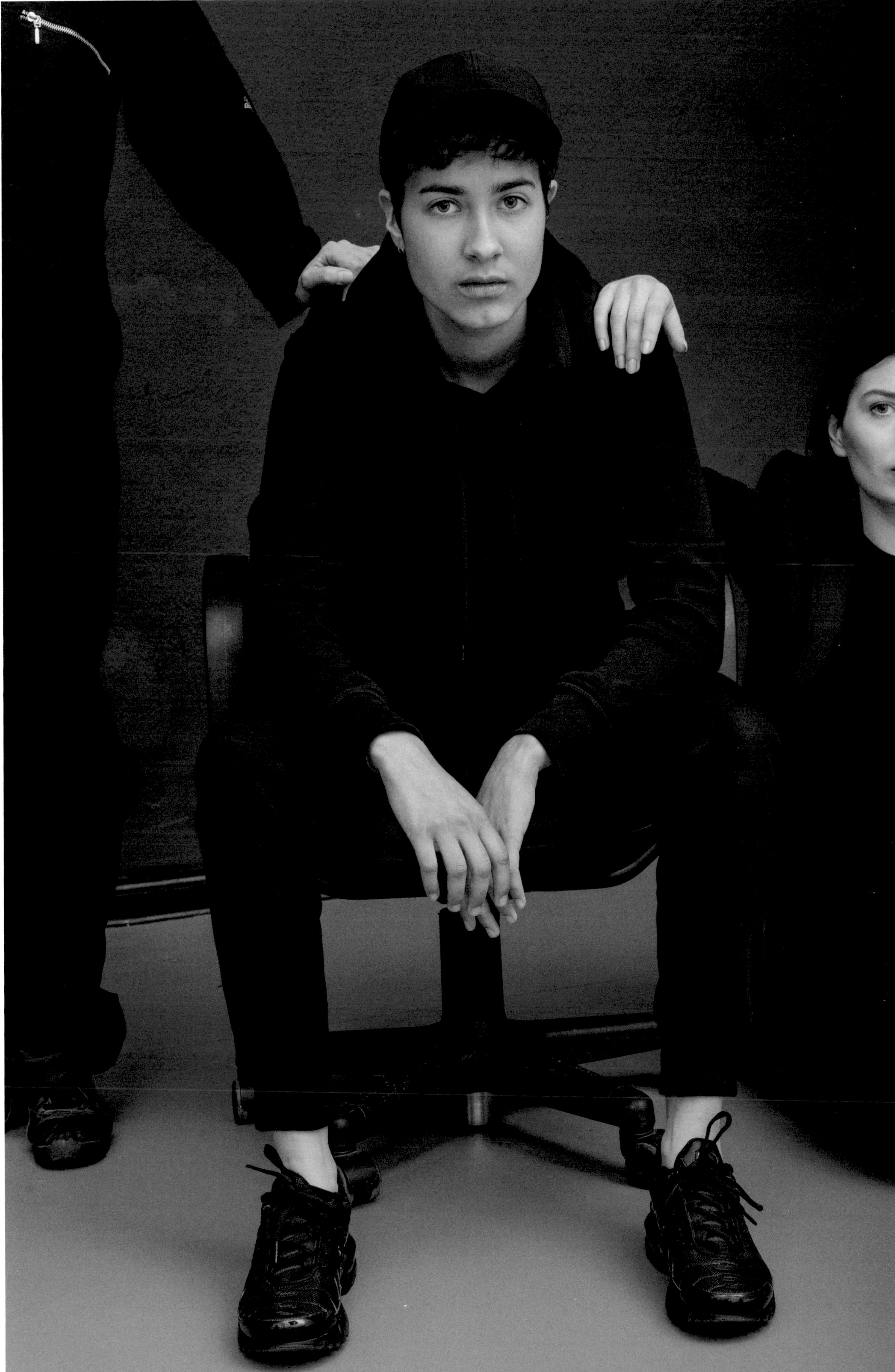

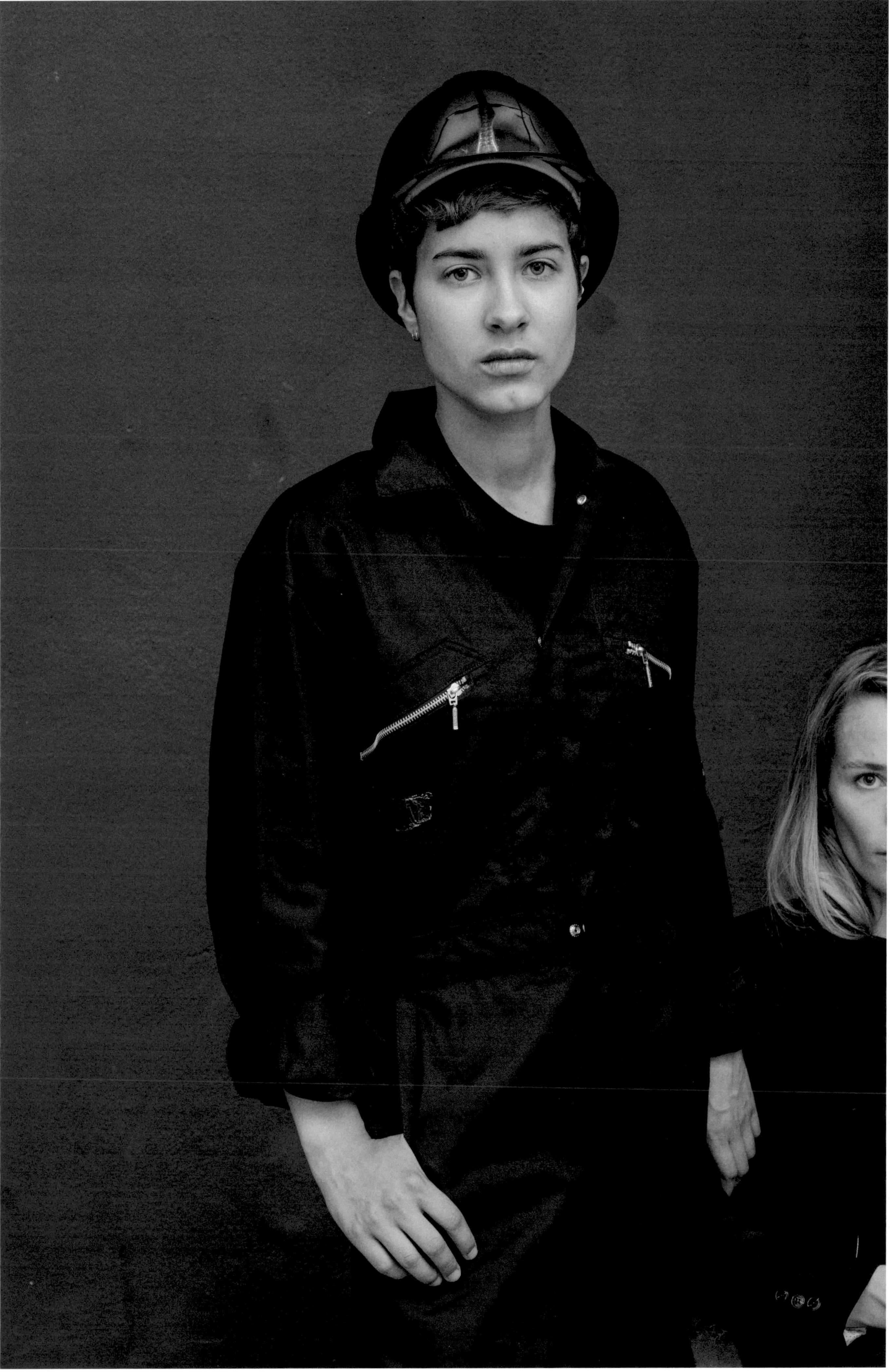

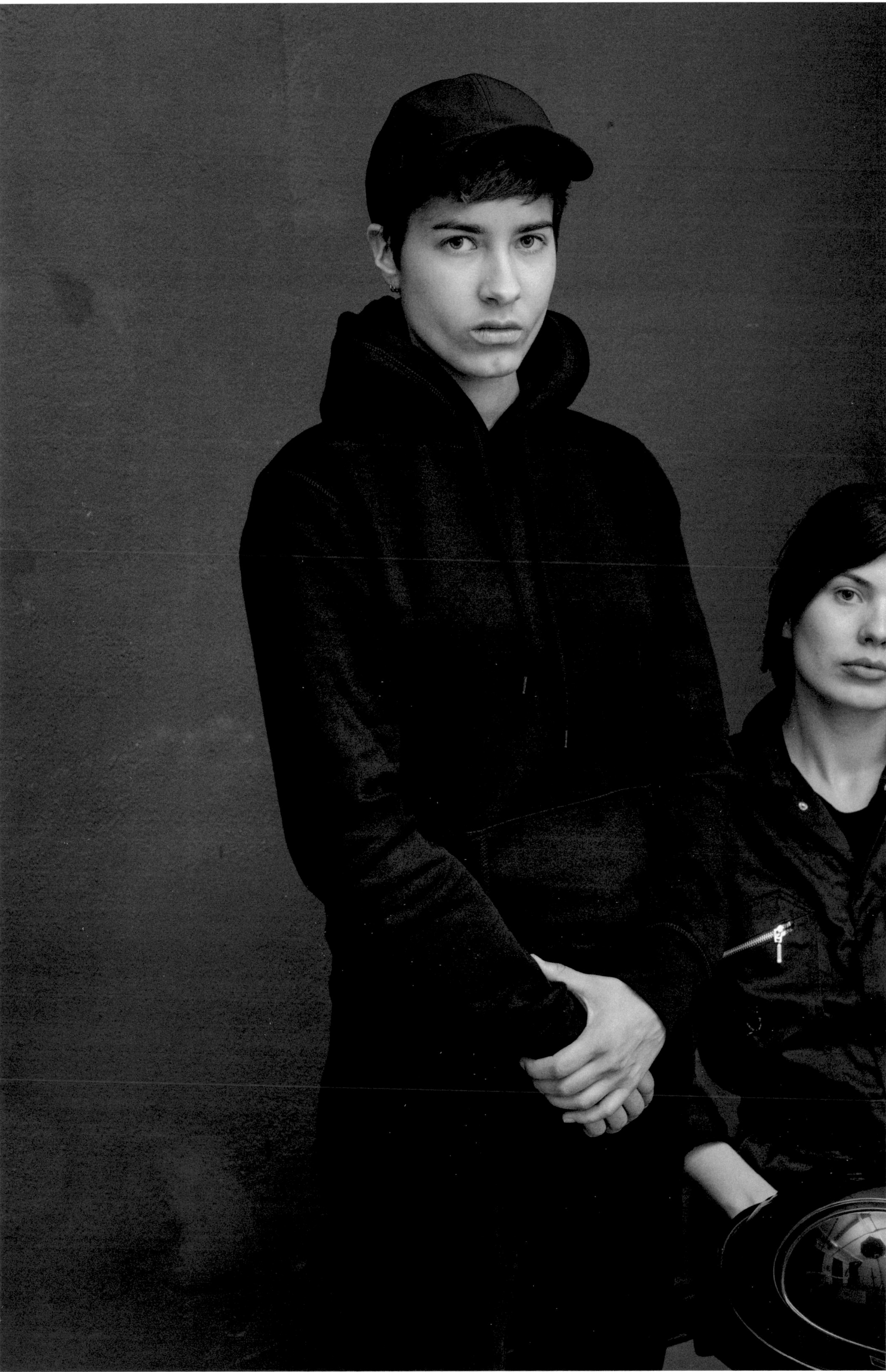

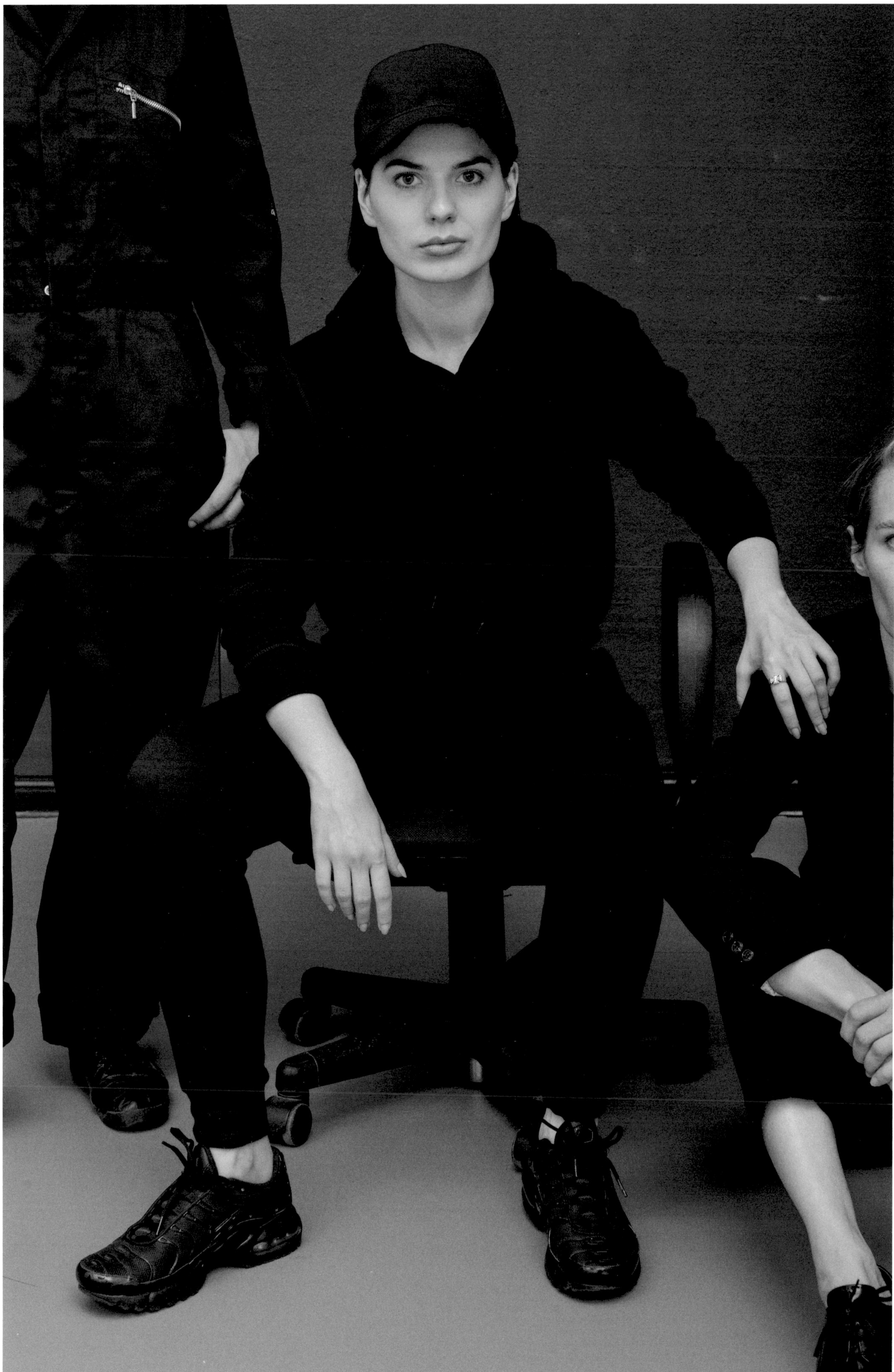

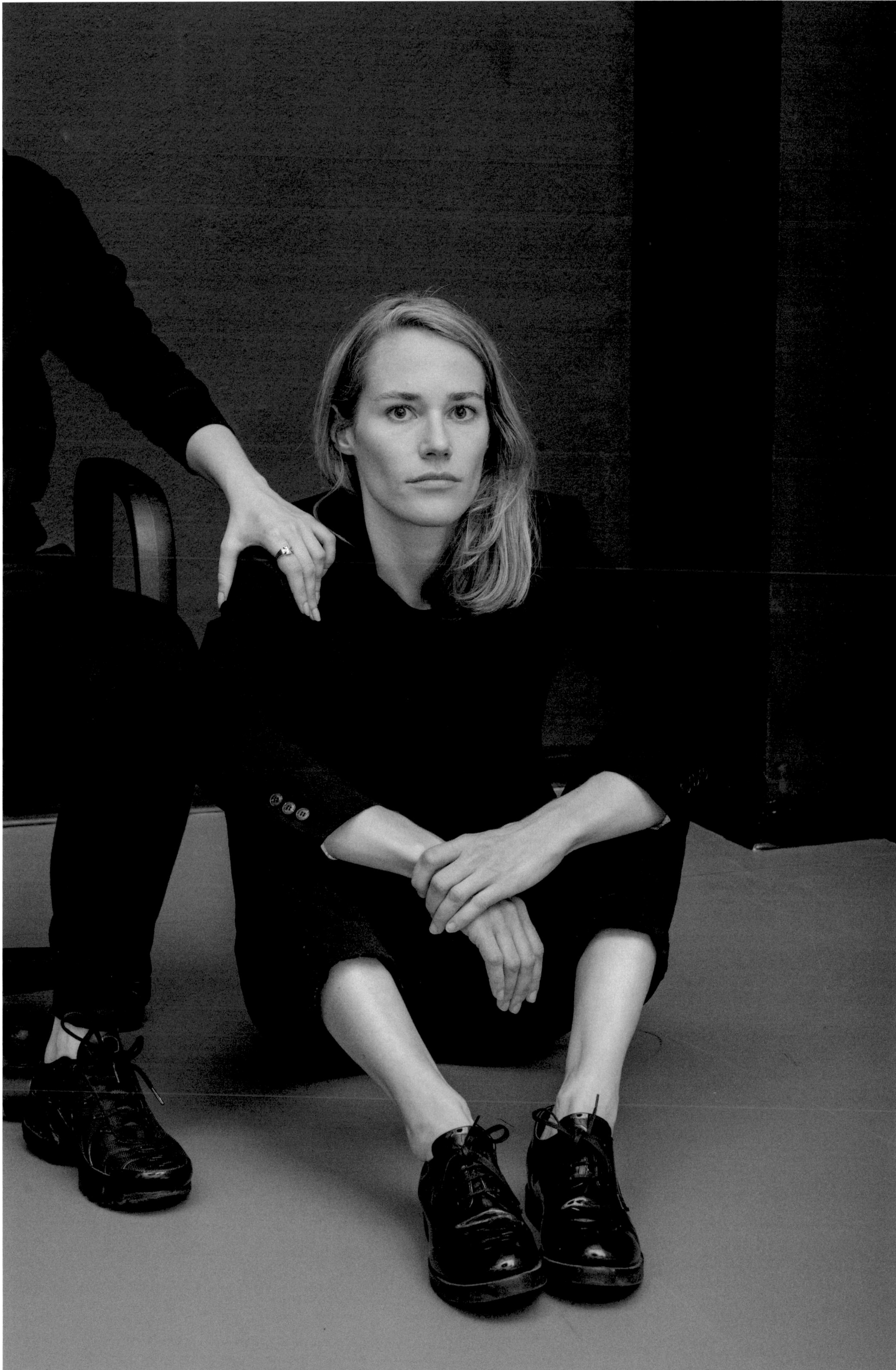

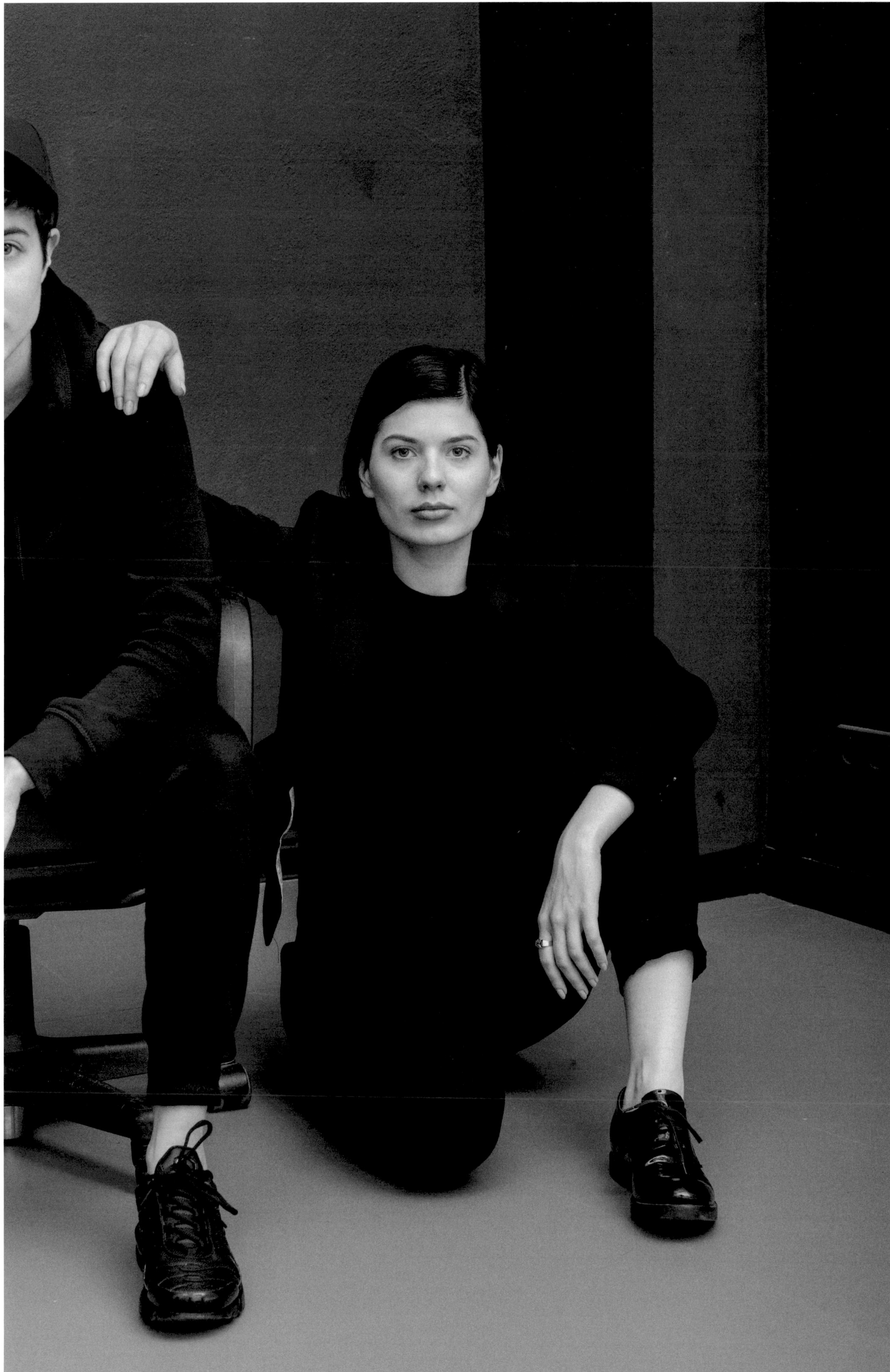

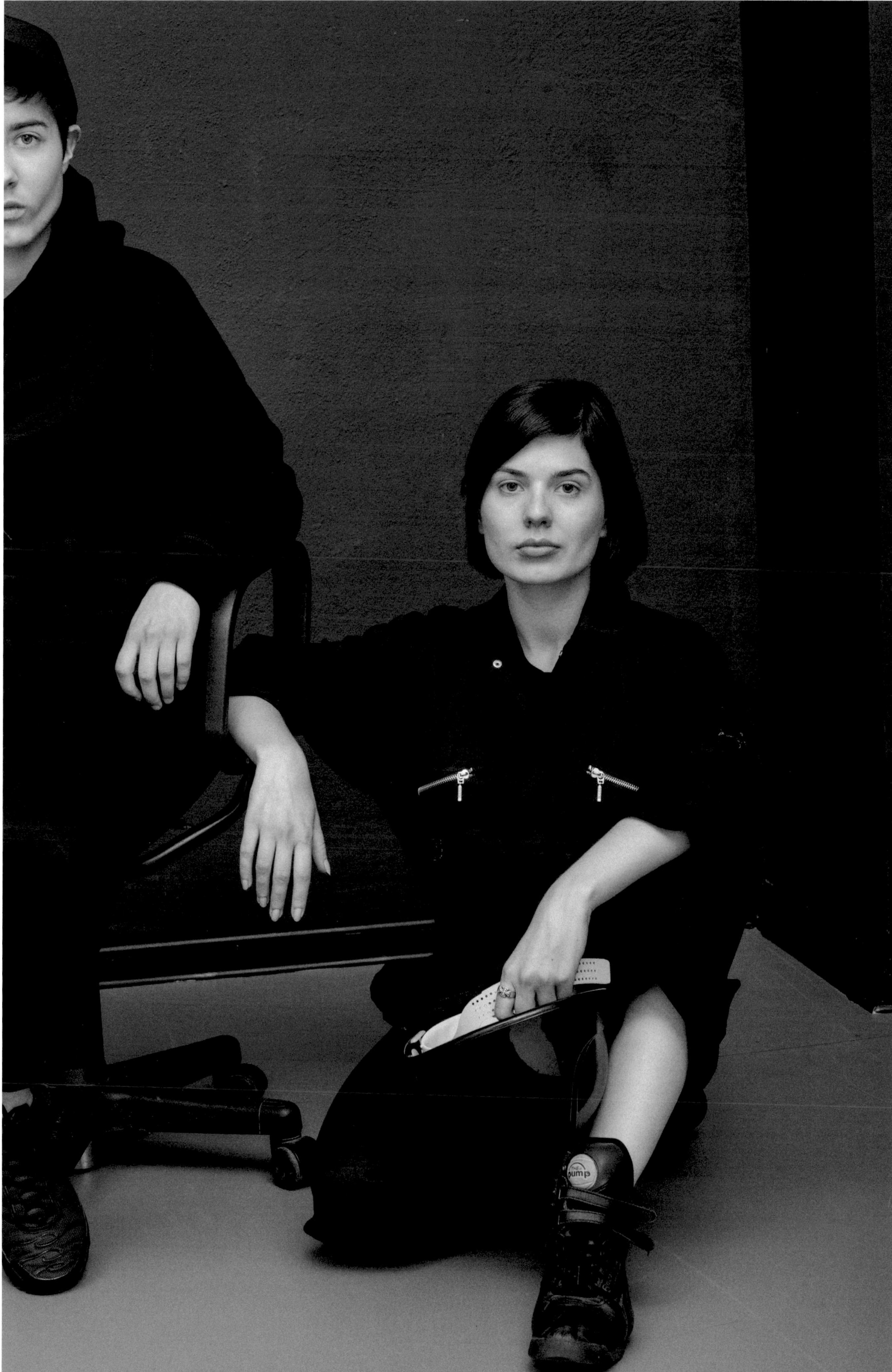

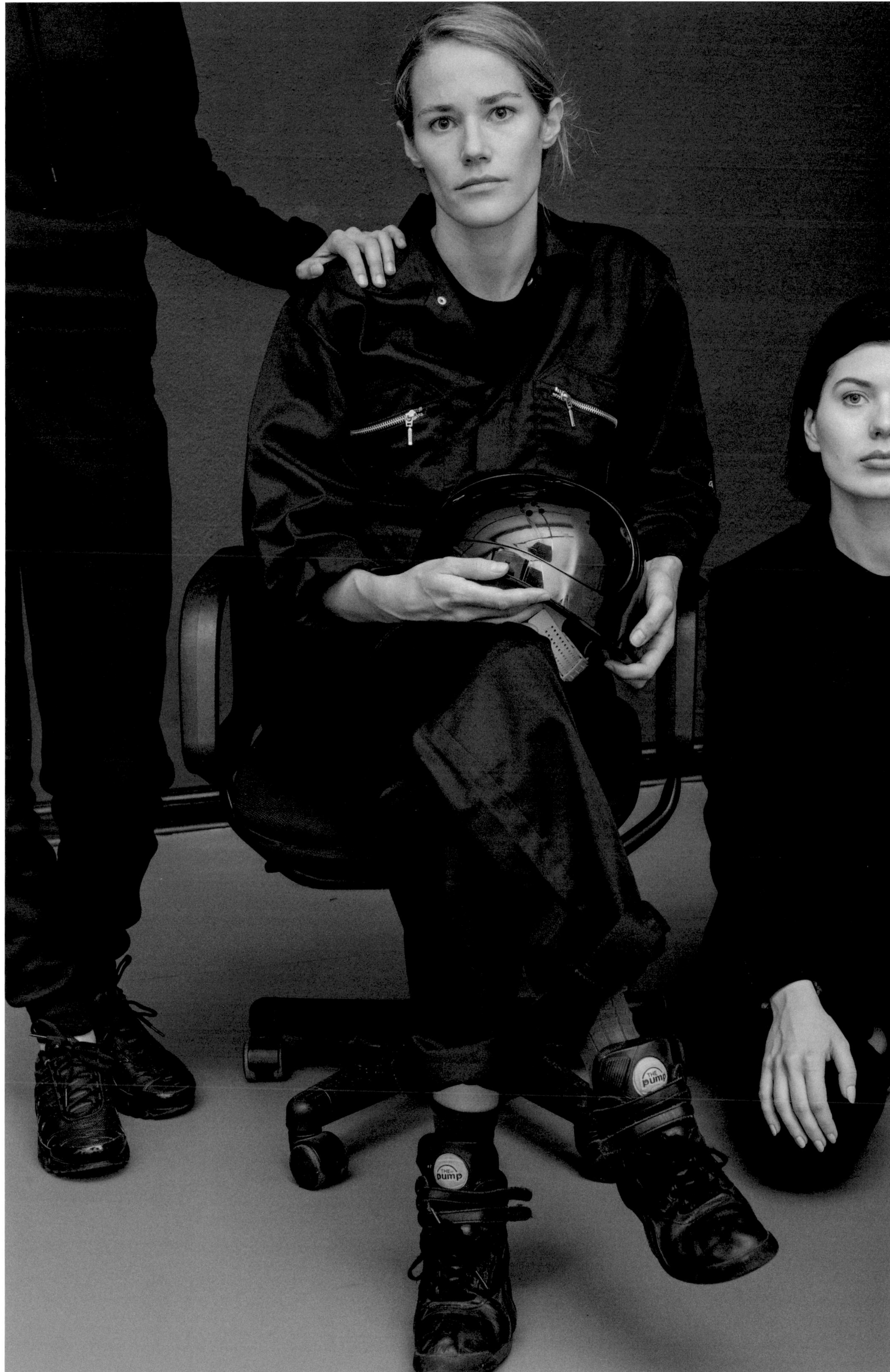
THE pump
THE pump

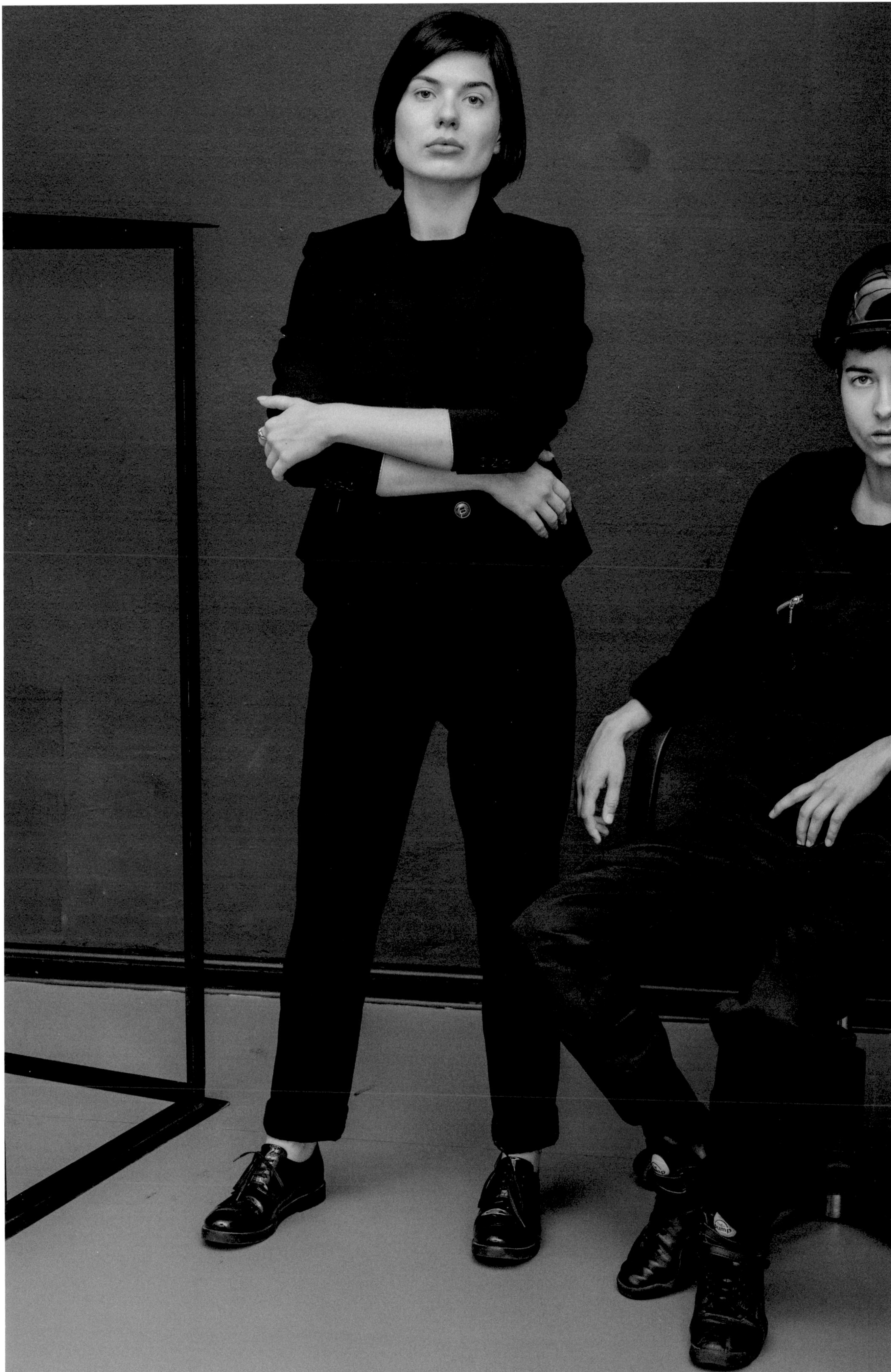

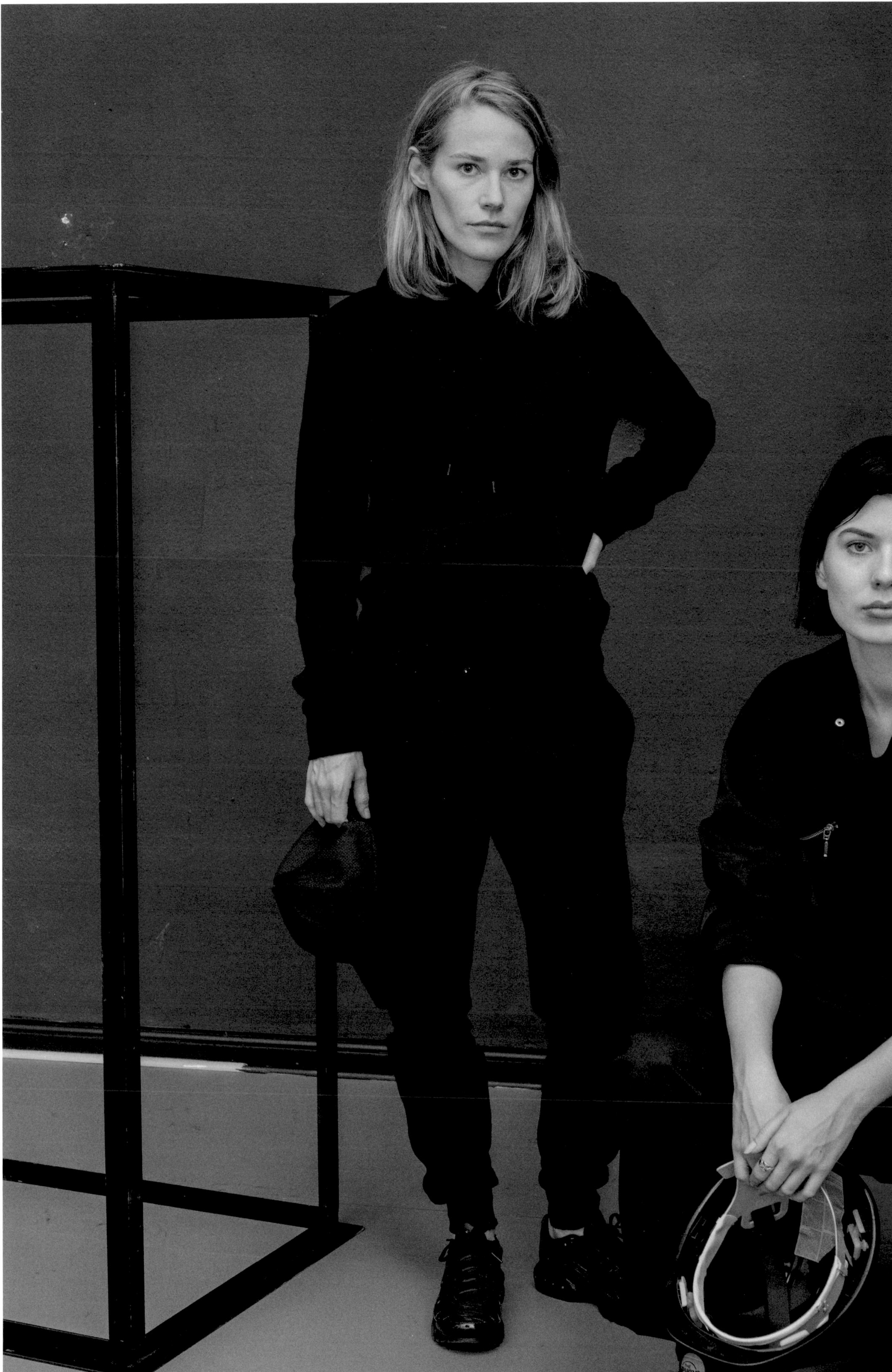

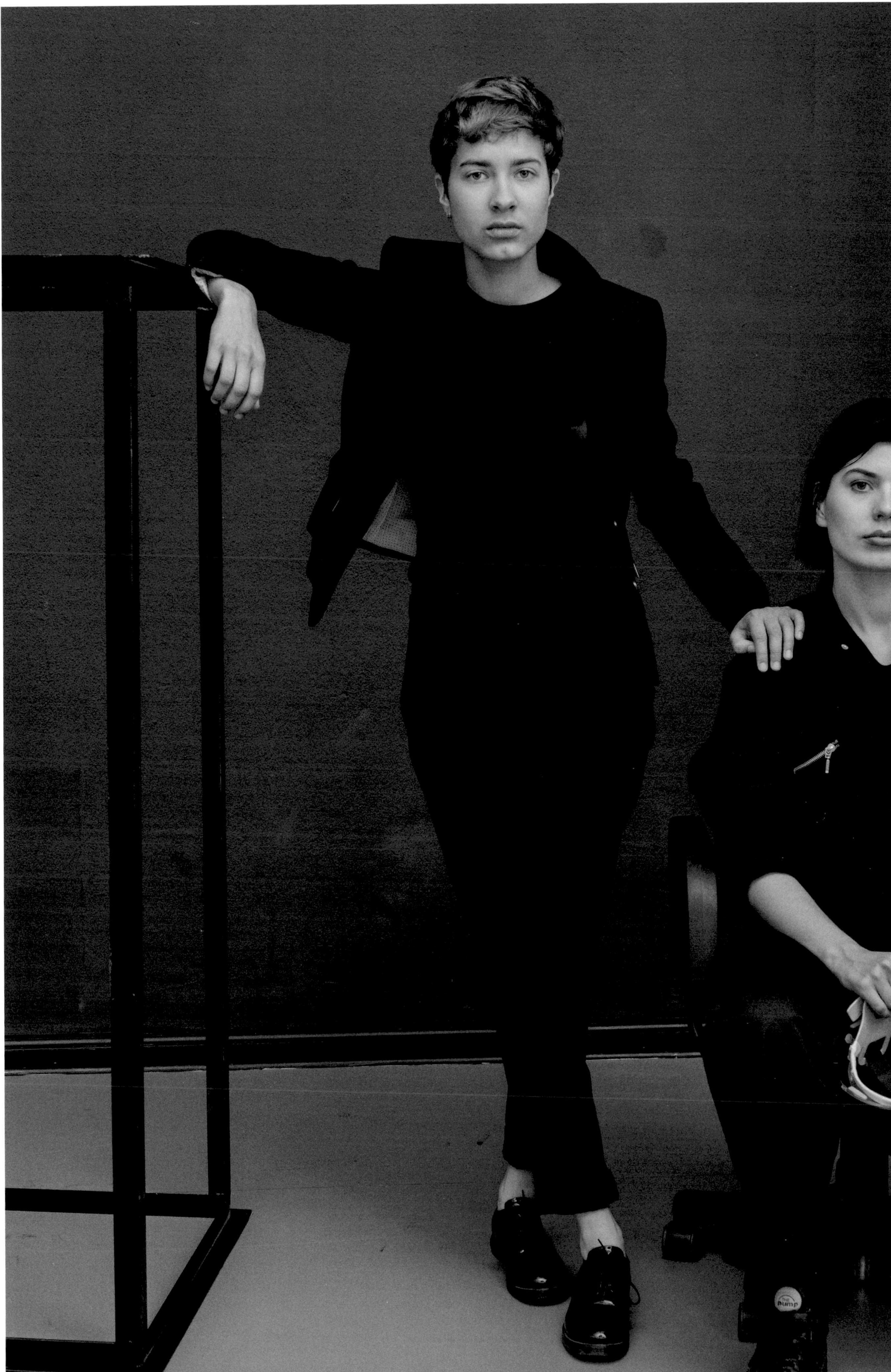

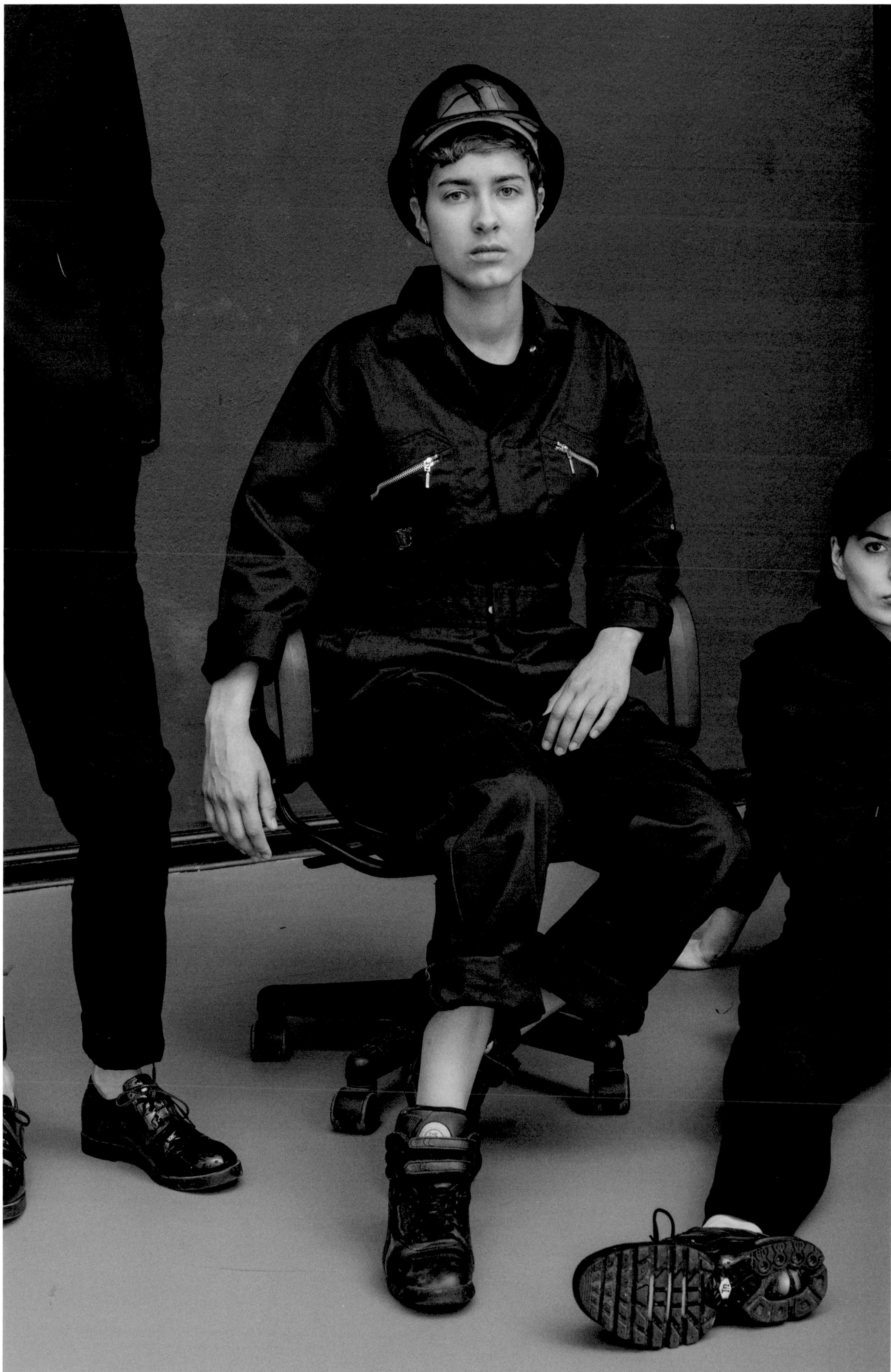

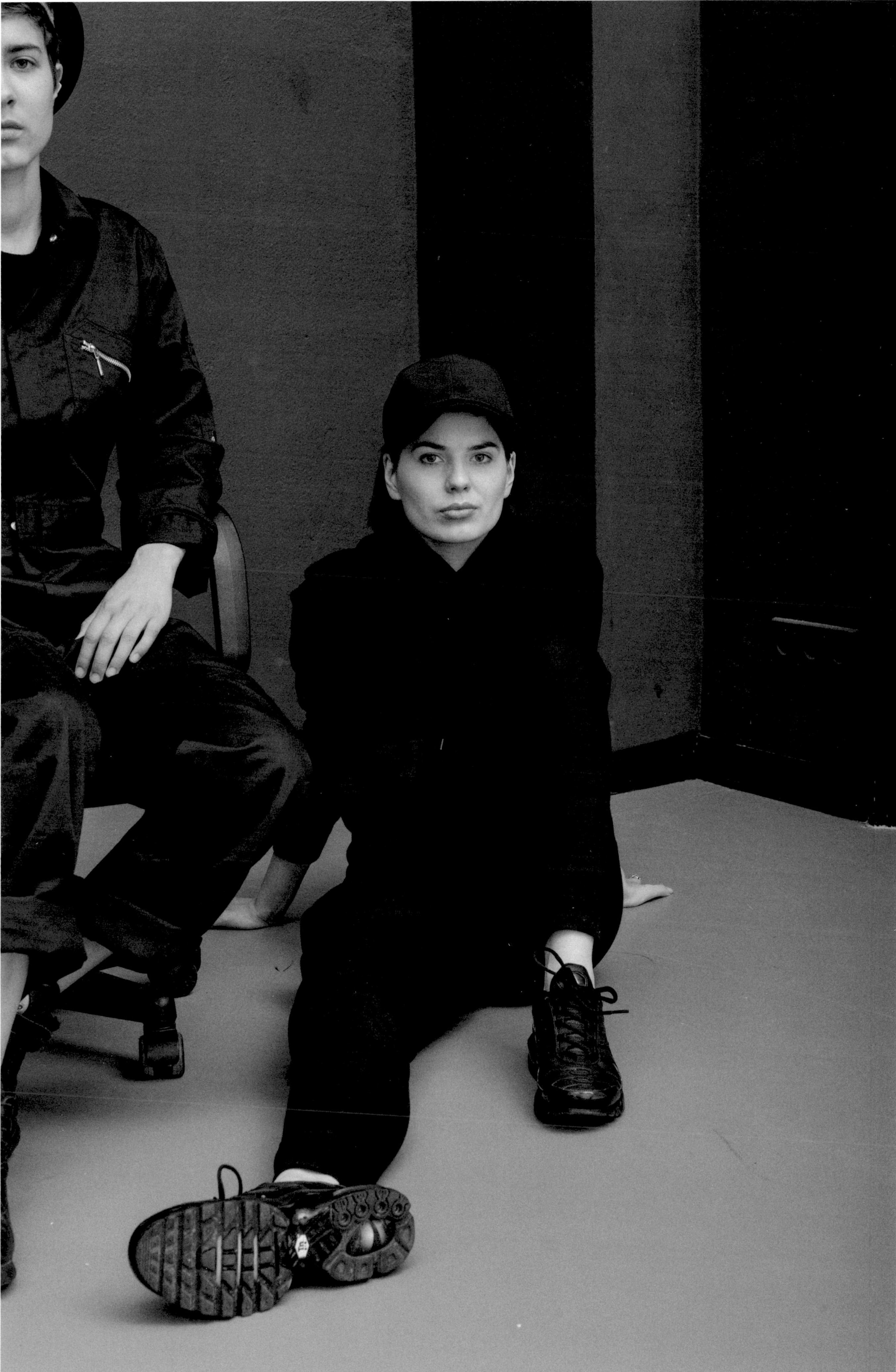